DIE SCHNELLE FEINE

HUNDEKÜCHE

Ich widme dieses Buch
Rudi,
der mir als kompetenter Partner
und als Zeichenmodell
stets beratend zur Seite lag.

Die schnelle feine HUNDEKÜCHE

Eva Bauersfeld
Dr. Edgar von Cramm

Weltbild

INHALT

VORWORT

Hundebesitzer kennen sich zwar vom Sehen, aber in den seltensten Fällen tauschen sie ihre Namen aus. Dafür wissen sie ganz genau, dass der Spielgefährte ihres Hundes, Boxer Theo, Milben hat und Gemüse gar nicht leiden kann, aber dafür wahnsinnig auf Pansen steht. Und auf Käse.

Das wirkt auf hundelose Außenstehende vielleicht ein wenig schräg. Doch wer einen Hund hat, fühlt sich verantwortlich für seinen Begleiter, und da spielt die Ernährung eine große Rolle. Viele wollen ihrem Hund ab und zu etwas besonders Gutes gönnen oder einfach mehr über das Thema wissen. Fachliteratur gibt es zwar reichlich, doch musste man dafür bislang schon fast Ernährungswissenschaftler sein. Darum will dieses Buch allen Hundebesitzern einen verständlichen und einfachen Leitfaden an die Hand geben. Aber es ist mehr als ein trockener Ratgeber:

Ein gefundenes Fressen und ein ideales Geschenk für Hundefreunde. Mit Cartoons und spannenden Hintergrundinformationen. Wussten Sie zum Beispiel, dass Hunde lachen können? Und zielgerichtet denken? Aber das Wichtigste sind natürlich die Rezepte. Der Leser muss nur noch auswählen und kann sicher sein, seinen Hund – ob Welpe, Erwachsener oder Senior – bedarfsgerecht zu verpflegen. Alle Rezepte können nach dem Baukastenprinzip variiert und sowohl im Wechsel mit Fertigfutter als auch ausschließlich verabreicht werden. Die Rezeptmengen sind in Gruppen unterteilt: für sehr kleine Rassen mit bis zu 5 Kilogramm Gewicht, für mittlere mit 5 bis 10 Kilogramm, größere mit 10 bis 25 Kilogramm und für sehr große Rassen mit über 25 Kilogramm. Bei den Mengenangaben handelt es sich nicht um garantierte Verzehrmengen, sondern um Richtwerte, die Sie an die individuellen Bedürfnisse Ihres Hundes anpassen sollten. Da die Rezepte alles Nötige enthalten, können sie übrigens auch Züchtern als Grundlage dienen. Experimentierfreudige Hundehalter werden sich wundern, was ihr Hund alles frisst: Fisch, Pflaumen, Nüsse, sogar Sauerkraut! Dazu gibt es dann noch eine **Futtermittelkunde von A bis Z** mit Antworten auf alle Fragen rund ums gesunde Futter – leicht verständlich und zum Nachschlagen.

LECKERE REZEPTE

FÜR

Welpen brauchen bis zum Ende der achten
Lebenswoche Hundemilch; entwöhnen Sie sie nicht zu früh.

Täglich wiegen! Wenn das Gewicht stagniert, füttern Sie
leicht Verdauliches zu, am besten in Breiform, fast
suppig (siehe Rezepte). Nach und nach können Sie die
Konsistenz fester werden lassen.
Ist Ihr Welpe zwei bis vier Monate alt, bekommt er vier
Mahlzeiten täglich, ab fünf Monaten bis einem Jahr
(bei großen Rassen bis 1 ½ Jahre) drei Mahlzeiten.

Er muss in dieser Zeit stetig zunehmen! Servieren Sie
reichliche Portionen, immer zur gleichen
Zeit am selben Ort, und geben Sie ihm Zeit, sich
satt zu fressen. Die Reste lassen Sie noch
eine Weile stehen. Anschließend bewahren Sie sie
im Kühlschrank auf oder werfen sie weg.

WELPEN

FÜR GANZ JUNGE WELPEN (BIS ACHT WOCHEN) GIBT'S DIE GUTE

WELPENMILCH

MACHT MINI-WELPEN SEHR, SEHR MUNTER!

Tagesration

0,3 l Vollmilch

2 Eigelbe

300 g Magerquark

2,5 EL Maiskeimöl

6 g Mineralpräparat

0,7 g Vitaminpräparat

Milch und Eigelbe aufkochen, vom Herd nehmen, Zutaten zufügen, kurz durchmixen. Sofort in den Kühlschrank stellen. Vor dem Füttern portionsweise aufkochen, auf Handwärme abkühlen lassen. **Bis zu zehn Mahlzeiten am Tag füttern (auch nachts)!** Füttern Sie die Welpen auf ähnliche Weise, wie es die Mutter tut, das heißt mindestens alle zwei Stunden. Lassen Sie die Welpen soviel trinken, wie sie wollen. Sollte Ihr Hund einer sehr kleinen Rasse angehören, so dass am Ende des Tages viel übrig bleibt, dann kochen Sie das nächste Mal nur die halbe Portion. Nicht länger als einen Tag im Kühlschrank aufbewahren, Reste vernichten.

Grrr...Wuffwuff...Häff-HÄFF! Hau!

DER HUND KANN SPRECHEN...

... behauptete schon Loriot in seinem denkwürdigen Trickfilm (Herrchen: „Sag mal: Otto Mohl fühlt sich wohl am Nordpol." Hund: „Hoho ho hohoho ho Hoho."). Jetzt steht es auch wissenschaftlich fest:

„Wauwau" macht Sinn. Hundegebell ist nicht nur zusammenhangloser Krach, sondern sinnvolle Kommunikation. Die Verhaltensforscherin Dorit Petersen–Feddersen der Universität Kiel hat es bewiesen: Bellen, Knurren, Kläffen – alles, was ihre Pudel zu sagen hatten, nahm sie auf und analysierte es auf akustische Frequenzen hin. Diese Sonogramme wertete sie im sozialen Zusammenhang – gemeinsam mit den Körpersignalen auf Video – aus. Das Ergebnis: „Hunde geben nicht nur simple Laute von sich wie Vögel", so Feddersen, „sie äußern sich sehr differenziert." Sie unterscheidet viele Bellformen wie etwa das Begrüßungsbellen oder den Einsamkeitsschrei. Winseln („Miep Miep") ist oft ein Zeichen für Langeweile; hohes Bellen („Wiff Wiff") bedeutet: „Hallo, ich will spielen."

Auch zwischen den Rassen gibt es Unterschiede: Der Pudel-Wortschatz ist schlicht, Weimeraner dagegen bellen fein abgestuft. An den Dialekten von 18 weiteren Rassen arbeiten die Kieler noch. Hundebesitzer haben's ja sowieso immer schon gewusst: Der Hund kann sprechen.

RRRuuuhä!

AB DER 6. BIS 8. WOCHE BRAUCHT DER WELPE
DIE ERSTE BEIKOST ZUR MILCH!

RINDSSUPPE
AUF VORRAT

Portion: auf Vorrat

1 kg Rinderknochen

1 kg Rindfleisch

1 TL gemahlene Fenchelsamen

100 g Milchreis

1 kg Karotten

3 Eier

250 g Magerquark

6 EL Maiskeimöl

Mineralstoff-Vitaminpräparat

Knochen, gewürfeltes Rindfleisch, Fenchel in 1 Liter Wasser 2 Stunden garen. Knochen herausheben. Suppe mit Reis und klein geschnittenen Möhren 30 Minuten garen. Unter Rühren Eier zugeben, aufkochen lassen. Topf vom Herd nehmen, Quark und Öl zugeben, fein pürieren. Portionsweise in Joghurtbechern einfrieren, zum Auftauen mit etwas Wasser einmal aufkochen lassen – der Brei sollte suppig sein. **Auf Handwärme abkühlen lassen und löffelweise füttern.**

Die wunderbare HUNDENASE

Wenn Ihr Hund, die Nase nur wenige Millime-
ter über dem Boden, je nach Temperament
keckernd oder aufgeregt japsend, in völliger
Konzentration und in zügigen Zickzacklinien
eine Spur verfolgt – dann befindet er sich im
Buttersäurerausch.

Billionen von betörend duftenden Molekülen
dringen in die Riechzellen seiner Nase, die in
diesem Moment zum Zentrum seiner Welt
wird, das alleinige Kommando
übernimmt und den restlichen Hund willenlos
hinter sich herzieht. Da können Sie pfeifen, so
viel Sie wollen – gegen die magische
Anziehungskraft von

→

Rate mal, wer hier war? Na?

Ich bin's, deine Amalia!

Wie wär' es denn, du süßes Hündchen,

mit nem kleinen Schäferstündchen???

I'm in the mood for love, Babe...

Schweißduftstoff, den Tiere und Menschen bei jedem Schritt abgeben, kommen Sie nicht an. So verliert ein Mensch, der barfuß geht, pro Schritt etwa vier milliardstel Gramm Schweißduftstoff – genug für eine geübte Hundenase. Lederschuhe halten zwar einiges ab, doch werden immer noch etliche Milliarden Moleküle durch die Sohlen hindurch gedrückt; und sogar nagelneue Gummischuhe sind nach wenigen Minuten von den verräterischen Buttersäuren durchtränkt.

WOHER WEISS DER HUND, WO'S

Selbst der geruchsbegabteste Mensch – wie zum Beispiel ein guter Parfümeur, der immerhin 30 000 Düfte zu unterscheiden vermag – ist gegen die hochsensible Hundenase ein olfaktorischer Barbar. Zum Vergleich: Die Riechfläche in der menschlichen Nase ist nur fünf Quadratzentimeter groß – die des Schäferhundes dagegen 150.

Und wenn man die Anzahl der Riechsinneszellen vergleicht, hat der Hund endgültig die Nase vorn: Der Mensch riecht mit fünf Millionen Sinneszellen, der Dackel mit 125 Millionen, der Schäferhund gar mit 220 Millionen Sinneszellen. Zudem sind die Sinneszellen des Hundes auch wesentlich sensibler als die des Menschen: Wissenschaftler haben mit einem speziellen Gerät, dem Olfaktometer, herausgefunden, dass Hunde eins Millionen Mal besser riechen können als der Mensch!

Was ist Duft? Tierischer und menschlicher Duft besteht nicht nur aus Buttersäure, sondern setzt sich aus einer Mischung von verschiedenen fettsäurehaltigen Stoffen zusammen. Das erklärt auch, woher der Hund weiß, in welche Richtung ihn eine Spur führt: Die einzelnen Bestandteile der Mixtur verschwinden nicht gleichzeitig, sie lösen sich unterschiedlich schnell auf – und diesem sich stetig verändernden „Geruchsprofil" entnimmt der Hund auf seiner Spur schon nach wenigen Metern, ob sie jünger oder älter wird, ob er also die richtige Richtung ver-

LANGGEHT?

folgt oder umkehren muss. Diese Fettsäure-Mischung ist bei jedem Lebewesen auf diesem Erdball unterschiedlich zusammengesetzt – so wie wir alle auch einzigartige Gesichter und Fingerabdrücke besitzen.

Nicht zwei Lebewesen haben also den gleichen Geruch – für die Hundenase gibt es genauso viele Gerüche, wie es duftende Wesen auf der Welt gibt (oder auch weniger gut duftende – aber das ist Geschmackssache).

DIE UNENDLICHE GESCHICHTE

EIN HUND KAM IN DIE KÜCHE ...

... UND BEKAM VOM KOCH EINE PORTION GEHACKTES

BLITZREZEPT

Kg (Zielgewicht)	bis 5	5 bis 10	10 bis 25	über 25
Möhren	1	2	3	4
Rinderhackfleisch	150 g	250 g	450 g	550 g
Haferflocken	2 EL	3 EL	6 EL	7 EL
Banane	½	1	1½	2
Pflanzenöl	2 TL	3 TL	2 EL	2,5 EL

Möhren grob raspeln, mit Fleisch und Flocken 5 Minuten mit wenig Wasser kochen. Zerdrückte Banane, Öl und Mineralstoff-Vitaminpräparat zugeben. Für sehr junge Welpen pürieren und mit Wasser etwas verdünnen. Knochenmehl zugeben. **Varianten:** Sehr geschätzt wird auch die Mischung aus Putenfleisch und Leber (1:1). Statt Möhren Gurke oder Tomate, statt Banane Apfel oder Birne. **Ideal, wenn's schnell gehen soll.** Für Hunde **ab einem Jahr** können Sie die Zutaten auch roh verfüttern.

KÖNNEN HUNDE FERNSEHEN?

Klar – Hunde haben sogar ausgezeichnete Augen. Allerdings sehen sie die Welt ganz anders als wir. So nehmen sie zwar Farben wahr, jedoch abgeschwächt, pastellfarben. Denn die Netzhaut des Hundes enthält weniger Zapfen (die zum Farbensehen dienen) als die des Menschen; dafür besitzen sie aber mehr Stäbchen (fürs Schwarzweiß-Sehen), so dass sie uns im Dunkeln und im Dämmerlicht haushoch überlegen sind.

Außerdem reagieren Hunde hochsensibel auf Bewegung: Wissenschaftler haben herausgefunden, dass der Hund seinen Herrn zwar nicht sehen kann, wenn dieser 30 Meter entfernt unbeweglich vor ihm steht. Andererseits erblickt ein Hütehund die Signale seines Hirten noch auf über einen Kilometer Entfernung. Also: Zum Fernsehen reicht es noch lange. Allerdings verlieren Hunde als Nasenwesen an der geruchlosen TV-Welt schnell das Interesse. Und wahrscheinlich gefällt ihnen ja auch einfach das Programm nicht.

ZUR ABWECHSLUNG
AUCH MAL GANZ LECKER!

VEGETARISCH

Kg (Zielgewicht)	bis 5	5 bis 10	10 bis 25	über 25
Tofu	100 g	150 g	300 g	360 g
Gekochte Kartoffeln	100 g	150 g	300 g	360 g
Hart gekochte Eier	1	1,5	3	4
Weiche Butter	1 TL	1,5 TL	1 EL	4 TL
Joghurt 3,5 %	150 g	225 g	450 g	540 g
Geriebene Mandeln	10 g	15 g	15 g	36 g

Tofu, Kartoffeln und Eier zerdrücken. Wenig Eierschale fein zerstoßen.
Alles mischen und suppig verdünnen. Mineralstoff-Vitaminpräparat zugeben.
Varianten: statt Tofu Magerquark; statt Kartoffeln gekochte Hirse;
statt Butter Öl oder Erdnussbutter; statt Joghurt Kefir oder Dickmilch; statt
Mandeln Sonnenblumenkerne.
Vegetarisches Futter nicht zu oft an junge Hunde geben!

SHE LOVES ME, YEAH, YEAH, YEAH!

Nach kurzer, heftiger Vorspielattacke durch Rudi ist Tiffany geneigt, ihren Anbeter zu erhören. Obwohl sie ein seltsames Paar abgeben – sie groß, er klein; sie Collie, er Jack Russell; nur die Farben harmonieren –, könnten die beiden durchaus Nachwuchs zeugen.

Im Liebesleben der Hunde kann nämlich jeder mit jedem – die Föten richten sich nach der Größe der Gebärmutter, so dass eine Dackeldame einen Dobermann lieben darf, ohne die Folgen zu fürchten. Das liegt daran, dass alle rund 400 Hunderassen, so unterschiedlich sie auch aussehen, letztlich allesamt vom Wolf abstammen und von einer Art sind. Und zu einer Art zählt laut wissenschaftlicher Definition alles, was Teil einer Fortpflanzungsgemeinschaft ist, also erfolgreich miteinander Nachkommen zeugt. Würde man alle Rassen sich paaren lassen, wie es ihnen eben gefällt, würden Rassenmerkmale verschwinden und einem Einheitshund Platz machen, wie es beim Dingo in Australien oder den verwilderten gelben Hunden in Südeuropa der Fall ist.

Tiffanys Nachwuchs könnte allerdings alles andere als einheitlich ausfallen: Hündinnen können von mehreren Rüden gedeckt werden und Welpen von verschiedenen Vätern zur Welt bringen – und Tiffany hat, das ist stadtbekannt, auch ein Verhältnis mit dem Boxer von gegenüber.

18

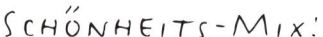

SCHÖNHEITS-MIX:

RINDFLEISCH MIT HIRSE UND SPROSSEN

Kg (Zielgewicht)	bis 5	5 bis 10	10 bis 25	über 25
Fleisch und Innereien vom Rind	150 g	250 g	450 g	550 g
Hirse	1 EL	1,5 EL	3 EL	4 EL
Hefeflocken	1 EL	1,5 EL	3 EL	4 EL
Sprossen	30 g	45 g	90 g	110 g
Weizenkeimöl	1 TL	1,5 TL	3 EL	3,5 TL

Fleisch klein schneiden, mit Hirse und reichlich Wasser zum Kochen bringen,
15 Minuten kochen, abkühlen lassen. Innereien und Sprossen fein hacken, alles mischen.
Mineralstoff-Vitaminpräparat zugeben.
Varianten: Statt Rind Geflügel (aber gekocht!), statt 1 TL Weizenkeimöl ein
kleines Stück Avocado. **Gut für gesundes Fell!**

KOMMST DU?

(ODER KOMMST DU NICHT??!!)

„... Ihrer ist ja auch 'ne süße Mischung ...“
„Oh! Anatol muss mal! Schnell! Schnell!“
„... Ach, der ist reinrassig? ...Sieht
aber aus wie 'ne Mischung ...“
„Schnell! Schnell!“
„... Also, meiner frisst ÜBERHAUPT kein Dosenfutter!“

So hört es sich an, wenn im Unterricht
geschwätzt wird. Wenn die Schüler dann auch
noch fünf wilde Welpen dabei haben,
denen sie hier Benimm beibringen sollen, dann
handelt es sich um eine Hundeschule.
Auch an diesem Freitagabend tobt wieder
„eine feste Hundegruppe“ durch das Klassen-
zimmer der Welpenschule ➡

Soft Touch der Tierärztin Irene Jones-Baade. Die Münchnerin hat die Schule gegründet, „weil ich das Elend nicht mehr mitansehen konnte. So viele Hunde landen im Tierheim, weil ihre Besitzer nicht klarkommen." Ihr Rat: früh anfangen. Nach den Erkenntnissen der Verhaltensforscher des Waltham-Zentrums im englischen Leicestershire liegt das beste Alter für die Hundeerziehung zwischen der 7. und 16. Lebenswoche. In dieser Zeit sind sie am aufnahmefähigsten. Während herkömmliche Erzieher mit derben Mitteln arbeiten, einige nicht einmal davor zurückscheuen, die Tiere über Stromschläge gefügig zu machen, benutzt Jones den gesunden Hundeverstand: „Es ist klüger, gutes Benehmen zu belohnen als schlechtes zu bestrafen."

Auch Dogge Jeanny soll heute zum ersten Mal in ihrem jungen Leben etwas anderem als Lust und Laune folgen. „Belohnen Sie den Hund in dem Moment, in dem er sich aufführt wie gewünscht", verlangt Jones von Jeannys Herrchen, „und ignorieren Sie den Rest." Zuerst soll Jeanny sitzen. „Sitz! Sitz!" Das tut sie aber nicht, sondern sie schreitet davon. „Wie soll ich denn das jetzt ignorieren?" will ihr Herrchen wissen. Er wird zur Wiederholung verdonnert. „Und dann loben! Loooben! Denken Sie dran: du Leistung – ich Futter." Das leuchtet ihm ein.

Ring frei zur nächsten Runde: Der Hund soll angeleint neben seinem Menschen herspazieren, ohne zu zerren wie ein wilder Stier. Er soll sich auch nicht gemütlich auf den Rücken legen und schleifen lassen.
Bei Mischling Anatol läuft das noch nicht so gut: Frauchen war so in's Gespräch vertieft, da ist er eben zu

Husky Bingo abgehauen. Also, das muss noch mal gemacht werden. Dank straffer Führung durch Jones (und vieler Hundekuchen, denen er folgt wie der Esel den Möhren) wird geübt, bis er's kann. Frauchen freut sich so, dass sie ruft: „Danke! Danke!" Da wedelt Anatol.

Es sind die Hundebesitzer, die hier zur Schule gehen. Sie lernen, für ihren Hund verständlich zu sein. Jones erklärt: „Nehmen wir an, ein Welpe hat in die Wohnung gepinkelt. Sie merken es erst, als es zu spät ist, und tupfen seine Nase unsanft in die Pfütze. Aber alles, was der Hund lernt, ist: An dieser Stelle pinkeln bringt Ärger; dieser Mensch ist unberechenbar; es ist besser, heimlich zu pinkeln." Das kann sich für jeden Quadratmeter der Wohnung wiederholen. Vorbeugen ist besser: Man beobachtet den Hund, trägt ihn rechtzeitig an die richtige Stelle und lobt ihn gewaltig, wenn es geklappt hat. „Was lernt dieser Hund? Ich darf pinkeln; ich werde gestreichelt, also pinkle ich gern an dem Ort, an dem so angenehme Dinge passieren."

Hunde sind schnell – da kommt es darauf an, den richtigen Moment zu erwischen. Welsh Springer-Mädchen Spottie bellt pausenlos wie eine rostige Hupe. Spotties Frauchen sitzt brav auf der Lauer, jederzeit bereit, mit Lobeshymnen zuzuschlagen. Da – Schweigen! „Belohnen! Jetzt! Schnell!", ruft Jones, die Frau ohne Nerven, „egal wie: füttern, küssen, alles, alles." Spottie wird so intensiv belohnt, dass nachher alle ein bisschen erschöpft sind, sogar der Hund. Aber das hat er sich gemerkt: Wenn er nicht heult, ist er ein braaaver Hund. Auch an Jeanny zeigt sich, dass die Methode funktioniert: Am Ende der Stunde liegt die Dogge auf Herrchens Befehl und fast zwei Metern Länge wie hingegossen, hebt und senkt auf Wunsch den schönen Kopf und geht sogar schon an der Leine. „Ich bin heiser, es muss zehn Uhr sein", sagt Jones, und wie immer hat sie Recht. Die Schule ist aus.

GUT FÜR UNTERWEGS,

DANN KRIEGT ER

REISEKOST

Kg (Zielgewicht)	bis 5	5 bis 10	10 bis 25	über 25
Schaffleisch	100 g	150 g	300 g	350 g
Reis (parboiled)	25 g	40 g	75 g	90 g
Magerquark	100 g	150 g	300 g	350 g
Petersilie gehackt	1 TL	1,5 TL	1 EL	2 EL

Fleisch klein schneiden, mit Reis und der dreifachen Menge Wasser 30 Minuten kochen, abkühlen lassen. Mit Zutaten vermischen, mit Wasser verdünnen.
Varianten: Statt Reis Reisflocken oder gekochte Kartoffeln (100 g pro 25 g roher Reis); statt Magerquark Hüttenkäse. **Dieses Rezept „stopft" und ist ideal für unterwegs,** wo es eine Erleichterung sein kann, wenn der junge Hund höchstens einmal täglich Kot absetzen muss.
Sie können den ballaststoff- und allergenarmen Vorratsbrei unterwegs mit Wasser anrühren und füttern. Er hält sich in der Kühltasche zwei Tage.

Des Pudels Kern

Wilde Wölfe, zarte Pudel? Weit, weit gefehlt. So fanden Forscher der Universität Kiel heraus, dass ihre Pudel, die ohne einen menschlichen Herrn gemeinsam mit einem Wolfsrudel aufwuchsen, eine seltsame Entwicklung nahmen: Sie wuchsen sich zu derben Rowdys aus, die die sensiblen Kommunikationsangebote der Wölfe mit sturer Aggression beantworteten. Wölfe lassen es ungern zum Kampf kommen, um ihr Rudel nicht zu schwächen; sie setzen zwar Beißgesichter auf – aber sie beißen nicht. Anders Pudel. Durch die Züchtung ohnehin vieler mimischer Signale beraubt – das Nasenrunzeln verschwindet unter all der Wolle –, waren sie mit der sensiblen Rudelkultur der Wölfe schlicht überfordert.

Die Wölfe gingen den Streitsuchern aus dem Wege oder unterwarfen sich, so dass die Pudel das Rudel bald unter der Fuchtel hatten. Einige besonders pudelgeplagte Wölfe mussten gar aus dem Gehege genommen werden, damit sie wieder zu Ruhe und Frieden kamen. Die selben Schlägertypen aber machten, als sie nach Abschluss des Experiments in Familien aufgenommen wurden und einen menschlichen Herrn gefunden hatten, eine wundersame Wandlung durch – und zeigten prompt all die Freundlichkeit, die diese Rasse auszeichnet, als wäre nichts gewesen. So sehr sind sie genetisch inzwischen auf den Menschen geprägt.

FISCHERS FIPS FRISST FRISCHEN

FISCH

Kg (Zielgewicht)	bis 5	5 bis 10	10 bis 25	über 25
Heringsfilets	150 g	225 g	450 g	540 g
Gekochte Kartoffeln	150 g	225 g	450 g	540 g
Gurke	100 g	150 g	300 g	360 g
Hart gekochtes Ei	1	1 ½	3	4
Buttermilch	0,1 l	0,15 l	0,3 l	0,36 l

Fisch entgräten und ganz klein schneiden, Kartoffeln und Eier zerdrücken, Gurke raspeln. Alles mit Buttermilch und Wasser vermischen. Mineralstoff-Vitaminpräparat nach Belieben.
Varianten: Statt Hering tiefgefrorenen Seefisch und 1 TL Öl pro 100 g, statt Kartoffeln gekochter Reis oder Hirse, statt Gurke Tomaten, Zucchini oder Apfel, statt Ei 100 g Hüttenkäse (pro Ei). **Roher Fisch ist gesund** – gewöhnen Sie Ihren Welpen von klein auf daran.

KAMPFTAUBE UND FRIEDENSHUND

Mit der Taube lag Picasso falsch: Seine berühmte Zeichnung zeigt eine weiße Taube mit dem Palmzweig, Symbol für den Heiligen Geist, im Schnabel – und machte das Tier damit zum Sinnbild des Friedens schlechthin.

Er hätte besser einen Wolf, den Palmzweig zwischen den Fangzähnen, porträtiert. Warum? Wölfe besitzen zwar tödliche Waffen. Um das Rudel nicht zu schwächen und sich nicht selbst auszurotten, haben sie jedoch starke Hemmungsmechanismen entwickelt: Wölfe und – trotz Veränderungen durch die Domestizierung – viele Hunde lassen von ihrem Gegner ab, sobald der sich unterwirft und die Kehle darbietet. Tauben dagegen haben keine Waffen – und darum keine Hemmungen. Ist dem Verlierer nach einem Kampf der Fluchtweg abgeschnitten, gibt es kein Halten: Er wird langsam umgebracht.

„Moralanaloges Verhalten" nannte **Konrad Lorenz** diese so ritterlich anmutende Beißhemmung der Wölfe. Der Gründer der Verhaltensforschung führte die Analogie – im Unterschied zur vermenschlichenden Gleichsetzung – als sinnvolle Methode in die Forschung ein. Bis dahin war der Vergleich zwischen Mensch und Tier undenkbar, galt doch der Mensch als Krönung der Schöpfung und das Tier als seelenloser Automat.

DR. SIGMUND ANTWORTET

Geschichten aus der Praxis eines Hundepsychologen, wie sie nur das Leben schreibt

Heute im abgeschlossenen Fotoroman: Ist Hasso schwer erziehbar?

ICH HAB' WAS ÜBRIG FÜR ULKIGE NUDELN

Kg (Zielgewicht)	bis 5	5 bis 10	10 bis 25	über 25
Kalbsknochen	250 g	300 g	500 g	600 g
Schlachtabfälle von Kalb oder Rind	150 g	250 g	450 g	550 g
Suppengemüse	100 g	150 g	300 g	350 g
Gemahlene Gelatine	1 EL	1,5 EL	3 EL	4 EL
Nudeln	30 g	50 g	100 g	120 g

Knochen mit doppelter Menge Wasser etwa 1 Stunde kochen. Schlachtabfälle und Suppengemüse klein schneiden, beides samt Nudeln in die Brühe geben, 20 Minuten kochen. Knochen entfernen, weiche Teile abschneiden und mit der Gelatine zur Suppe geben. Mit Knochenmehl und Mineralstoff-Vitaminpräparat mischen.
Varianten: Statt Kalbs- auch Rinderknochen, statt Schlachtabfällen eine Mischung aus $2/3$ Fleisch und $1/3$ Innereien, statt Suppengemüse Kohlreste oder Möhren, statt Nudeln Reis oder Hirse. **Stärkt die Knochenentwicklung.** Könnte ein Lieblingsrezept werden.

DA LACHEN JA DIE HUNDE

Hunde können tatsächlich lachen. Viele begrüßen ihren Menschen mit Schwanzwedeln und einem breiten Grinsen, das dadurch zustandekommt, dass sie die Oberlippe leicht hochziehen und die Schneidezähne blecken. Mit diesem Signal, das Hunde nur dem Menschen, nicht aber anderen Hunden zeigen, hat es eine besondere Bewandnis.

Die Puwos brachten es an den Tag. Puwos sind Mischlinge – Vater Pudel, Mutter Wolf. Obwohl die Puwo-Welpen noch nie zuvor das Lachen eines Menschen gesehen hatten, setzten die Tiere alsbald

das freundliche Lachgesicht auf, um die Verhaltens-forscher der Uni Kiel zu begrüßen. Daraus zogen die Wissenschaftler den Schluß, dass das Signal gene-tisch sein musste – die Puwos hatten es geerbt. Aber: Vom Wolf, dem Vorfahren aller Hunde, konn-ten sie es nicht haben; denn Wölfe lachen nicht. Also konnte das Lachen nur vom Pudelvater kom-men. Das heißt: Wohl als Nebeneffekt jahrtausen-delanger Züchtung haben Hunde das Menschen-Anlachen in ihre Gene aufgenommen. Das ist umso seltsamer, als im Laufe der Wandlung vom Wild-zum Haustier das Repertoire an vererbten Signalen üblicherweise schrumpft, statt größer zu werden. So besitzt der Wolf ungleich mehr Ausdrucksmög-lichkeiten – differenziertere Mimik und Körpersig-nale und ein größeres Lautvokabular – als der Hund. Da wundert sich die Wissenschaft: Das Hunde-lachen ist etwas Neues.

Wer schnell wächst, muss viel fressen. Hier eine besonders eiweiss- und mineralstoffreiche Mischung:

KRAFTKOST

Kg (Zielgewicht)	bis 5	5 bis 10	10 bis 25	über 25
Geflügelfleisch	100 g	150 g	300 g	360 g
Weizenschrot	40 g	60 g	120 g	150 g
Möhren	100 g	150 g	300 g	360 g
Milz, Herz, Leber (Rind)	50 g	75 g	150 g	180 g
Magerquark	50 g	75 g	150 g	180 g
Weizenkeime	1 EL	1,5 EL	3 EL	4 EL
Öl	1 EL	1,5 EL	3 EL	4 EL

Fleisch klein schneiden, mit Weizenschrot, klein geschnittenen Möhren und der dreifachen Menge Wasser etwa 15 Minuten kochen, auskühlen lassen. Dann klein gehackte Innereien und übrige Zutaten unterrühren. Knochenmehl und Mineralstoff-Vitaminpräparat zugeben.

Varianten: Statt Geflügelfleisch Rind- oder Kalbfleisch; statt Weizenschrot Hirse; statt Möhren Kohl; statt Innereien vom Rind solche von Geflügel (mitkochen!); statt Quark Hüttenkäse.

KÖNNEN TIERE DENKEN?

Wilhelm von Osten, pensionierter Lehrer, hob acht Finger. „Nun, Hans", fragte er, „wie viele Finger sind das?" Die Kommission von Wissenschaftlern, die 1904 eigens nach Berlin gereist war, um den sensationellen Fall eines rechnenden Gauls zu untersuchen, hielt den Atem an. Das Ross namens Hans klopfte einmal, zweimal ... nach dem achten Klopfen hörte es auf. Zur Belohnung bekam es eine Möhre. Es war unglaublich. Konnte dieses Pferd wirklich zählen?

Auf diese Weise unterschied Hans auch Farben und Harmonien und konnte sogar lesen, indem er jedem Buchstaben eine

→

WIE KLUG IST IHR HUND?

IQ Test

- Legen Sie sein Spielzeug unter sein Körbchen. Wenn er erst die Decke herauszerrt und dann auf dem Korbboden herumscharrt, ist er ein geistig eher konservativer Typ. Die Smarteren schieben ihre Nase unter den Korb und heben ihn hoch.

- Legen Sie sein Spielzeug in einen Behälter (Korb oder Eimer), der so tief ist, dass er den Gegenstand nicht mehr einfach mit der Schnauze herausnehmen kann.
Die meisten Hunde werden jetzt versuchen, hineinzusteigen. Aber wenn Ihr Vierbeiner den Behälter einfach zur Seite kippt und seinen Ball bequem herausrollen lässt, dann haben Sie einen wirklich hochintelligenten Hund an Ihrer Seite.

bestimmte Anzahl Hufklopfer zuwies. Viele vergebliche Versuche wurden angestellt, um Lehrer Osten Lug und Betrug nachzuweisen. Vergeblich; zudem nahm der Idealist für seine Vorführungen kein Geld. Berühmte Wissenschaftler aus aller Welt kamen, sahen, schüttelten die Köpfe und wollten trotzdem nicht glauben, dass Pferde rechnen können. So war man sehr erleichtert, als sich schließlich das Rätsel

WAS DENKT DIE

löste. Ein junger Wissenschaftler kam dem Pferd auf die Schliche – und fand eine ganz simple Erklärung für die unglaubliche Intelligenz des Tieres:

Hans reagierte auf unbewusste Signale seiner Zuschauer. Immer, wenn er mit seiner Klopferei die richtige Zahl erreicht hatte, ging nämlich ein entspannender Ruck durch die Körper seiner Beobachter; diese kaum merkliche Bewegung veranlasste das Pferd, mit dem Klopfen aufzuhören, denn es hatte herausgefunden, dass es dann etwas zu futtern gab. Was tut man nicht alles für eine Möhre.

Damit war die Welt wieder in Ordnung, und Hans galt zur Beruhigung der Wissenschaftler nicht mehr als klug. Man einigte sich darauf, dass es sich schließlich um nichts als eine simple Reaktion auf einen einfachen Reiz gehandelt hatte.

Dass Hans ganz im Gegenteil eine außergewöhnliche Kombinationsgabe und Sinnesleistung, die Wissenschaft aber ein gehöriges Maß an Beschränktheit gezeigt hatte, fiel damals niemandem auf. Damals hatte sich ein Fenster zur Erkenntnis spezifisch tierischer Intelligent geöffnet – aber der Mensch war zu egozentrisch, um es wahrzunehmen.

Diese Ignoranz hatte allerdings eine Vorgeschichte, die sie ein wenig verständlicher erscheinen lässt: Darwin mit seiner Evolutionslehre von 1871. Der berühmte Naturwissenschaftler hatte die als unverrückbare Tatsache geltenden prinzipiellen Unterschiede zwischen Mensch und Tier aufgehoben; und das schockierende Bewusstsein, vom Affen abzustammen, hatten viele Zeitgenossen, darunter auch

KATZE VOR DEM KÜHLSCHRANK?

Wissenschaftler, mit einer Schwemme rührender Anekdoten über empfindsame Hunde und gütige Pferde kompensiert. Die falsch verstandene Evolutionstheorie hatte zur Folge, dass die Wissenschaft Tiere hemmungslos vermenschlichte. Die Episode mit Hans fiel in eine Zeit, da man – als Gegenreaktion auf die peinliche Sentimentalität der jüngsten Vergangenheit – sich auf eine neue und nun besonders strenge Definition von Wissenschaftlichkeit in der Verhaltensforschung geeinigt hatte. Was ein Tier empfindet oder denkt, so die Argumentation, könne man schlechterdings nur vermuten; die „Psyche" des Tieres sei eine „Black Box", die uns verschlossen bleiben müsse. Als wissenschaftlich sollte darum nur die genaue →

LESE-TIPPS

Wie Tiere denken.
Donald R. Griffin, dtv. Ein spannendes Plädoyer an den Menschen, tierischer Intelligenz gegenüber weniger ignorant zu sein.

Haben Tiere ein Bewusstsein?
Volker Arzt, Immanuel Birmelin, Goldmann Verlag. Lebendige und verständliche Einführung in neue, verblüffende Ansätze der Verhaltensforschung.

Bruder Hund und Schwester Katze.
Jürgen Körner, Kiepenhauer & Witsch. Tierliebe aus Sicht eines Psychologen. Die Geschichte der zwiespältigen Beziehung zwischen Mensch und Tier, angefangen bei der Verehrung der Tiere als Gottheiten bis zur Tierliebe von heute. Sehr spannend!

Beschreibung von beobachtetem Verhalten gelten; nicht aber Annahmen über das Denken oder Fühlen von Tieren. Auch heute noch sehen das viele Wissenschaftler so: Für sie folgt eine Katze, die auf Futtersuche den Kühlschrank öffnet, nicht einer verstandesmäßigen Einsicht, sondern einem ganz simplen Lernschema, das sie lediglich nachahmt. Bis etwa 1985 sollte diese Ansicht in der Wissenschaft die Dominanz

WAS DENKT DIE

behalten. Erst seitdem emanzipiert sich die Verhaltensforschung von dieser engen Sicht. Moderne, undogmatische Forscher sehen inzwischen im Gegenteil eine besonders plausible Forschungsmethode darin, sich in ein Tier hineinzuversetzen. Es gibt sogar Wissenschaftler, die sich die Frage stellen, was im Kopf eines Insekts vor sich gehen mag.

Können Bienen bruchrechnen? So machte der amerikanische Biologe James L. Gould einen spektakulären Versuch: Er konstruierte eine tragbare Futterstation für Honigbienen und versetzte sie in einem großen Gelände täglich um das gleiche Stück von einigen hundert Metern. Tatsächlich stöberten die Sammlerinnen den neuen Ort bald auf. Doch nach ein paar Tagen geschah das Verblüffende: Der ganze Stock schwirrte bereits ungeduldig um den Platz herum, als Gould mit dem Futter eintraf! Er konnte sich das seltsame Phänomen nicht erklären – und setzte dem Experiment noch eins drauf: Er verschob nun die Futterstation nicht um die gleiche Entfernung, sondern steigerte sie jedes Mal um ein Viertel. Und tatsächlich: Die Bienen zogen immer schon ihre Warteschleifen am richtigen Platz, wenn das Futter eintraf. Hatten sie wirklich so etwas gedacht wie: „Nimm die letzte Entfernung und rechne ein Viertel dazu – dann gibt es was zu futtern?"

Haben Bienen mit ihren stecknadelkopfgroßen Gehirnen also ein Bewusstsein? Bis heute hat die Wissenschaft keine Erklärung für dieses Verhalten. Der US-Wissenschaftler Donald R. Griffin stellt dazu

BIENE VOR DEM HONIGTOPF?

eine so provokante wie einleuchtende These auf: Eben weil Bienen so ein kleines Gehirn mit wenigen Neuronen besäßen und darum nur für wenige feste Instinktmuster Platz hätten, könnte die Evolution auf den Trick mit dem Bewusstsein gekommen sein – also beispielsweise auch Bienen die Fähigkeit gegeben haben, Möglichkeiten gedanklich durchzuspielen und so aus wenigen fest gespeicherten Grundregeln ungleich mehr Verhaltensweisen zu kombinieren und damit wesentlich flexibler und überlebensfähiger zu sein.

In jüngster Zeit offenbart sich in der Forschung immer mehr, welche oft unglaublich anmutenden Fähigkeiten Tiere besitzen. So weiß man heute, dass Tauben über ausgeprägtes räumliches Denken verfügen. Wissenschaftlich anerkannt ist auch die Intelligenz eines berühmten Papageis, der mit seiner Besitzerin und Forscherin nicht nur etwa plappert, sondern tatsächlich sinnvoll kommuniziert; beispielsweise einen roten von einem blauen Bleistift unterscheiden kann, frisches Futter fordert oder sich beschwert, wenn sie ihn zu lange alleine gelassen hat.

Jahrtausende haben wir uns in dem Glauben gewiegt, es gäbe eine hierarchische Weiterentwicklung in Richtung zu immer mehr Intelligenz, an deren Spitze der Mensch thront.
Heute wissen wir es besser: Die Evolution ist nicht linear: Bei jeder Spezies hat sie verblüffende Höchstleistungen hervorgebracht, die zu entdecken wir gerade erst angefangen haben.

LECKERE REZEPTE

Mit einem Jahr – bei großen Rassen nach eineinhalb Jahren –
ist der Hund erwachsen und bekommt zwei bis drei Mahlzeiten am Tag.
Damit er mit allen wichtigen Nahrungsbausteinen versorgt ist, sehen
unsere Rezepte häufig Mineralstoff-Vitamin- und Fettsäure-Präparate als
Beigabe vor (die bekommen Sie bei jedem Tierarzt).

Empfehlenswert ist auch ein Tag in der Woche, an dem Ihr Hund statt mit
Fleisch auch mal mit Magerquark oder Joghurt Vorlieb nimmt (siehe
Rezepte). Die Gesamtmenge Futter sollte sich zur Hälfte (mindestens zu
einem Drittel) aus Fleisch und zur Hälfte (bis zu zwei Dritteln) aus Nähr-
mitteln wie Reis, Kartoffeln und Gemüse zusammensetzen.
Die Mengen sind in den Rezepten angegeben; Sie können die Gesamtmenge mit der einfachen Faustformel „15 bis 30 g pro Körpergewicht"
auch selbst berechnen.

FÜR DEN

ERWACHSENEN

HUND

38

GEHT SCHNELL!

RINDERHACK

Kg	bis 5	5 bis 10	10 bis 25	über 25
Mageres Rinderhack	100 g	150 g	300 g	450 g
Haferflocken	3 EL	5-6EL	130 g	200 g
Tomaten	150 g	200 g	450 g	700 g
Magerquark	100 g	150 g	300 g	450 g

Aus Hackfleisch, Haferflocken, grob zerkleinerten Tomaten, Quark und etwas Wasser einen Brei rühren. Gehackte Kräuter, Knochenmehl und Mineralstoff-Vitaminpräparat nach Belieben.
Varianten: statt Haferflocken Flocken aus Hirse, Reis, Roggen; statt Tomaten Gurke, Raspelmöhre, Paprika; statt Margerquark Hüttenkäse.

HÄTTEN SIE'S (AM SCHWANZ) ERKANNT?

Eine Hunderasse erkennt man nicht zum geringsten auch an ihrer typischen Schwanzgrundhaltung:
Der Spitz etwa rollt ihn in entspannter Haltung zu einem Dauerkringel, der Terrier zeigt pausenloses
Imponiergehabe, der Setter trägt die Rute lässig geschwungen.
Welcher der folgenden acht Schwänze wedelt wohl an welcher Hunderasse?

1) 2) 3) 4) 5) 6) 7) 8)

1. Mops 2. Terrier 3. Windhund 4. Pudel 5. Boxer 6. Dackel 7. Yorkshire 8. Border Collie

SPARMENÜ

Gutes Hundefutter muss nicht teuer sein!

Kg	bis 5	5 bis 10	10 bis 25	über 25
Weizenschrot (gekocht)	25 g (100)	40 g (150)	75 g (300)	110 g (450)
Schlachtabfälle (mager)	150 g	225 g	450 g	800 g
Saisongemüse	100 g	150 g	300 g	450 g
Magerquark	100 g	150 g	300 g	450 g
Öl	1 TL	1,5 TL	1 EL	1,5 EL

Weizenschrot mit der dreifachen Menge Wasser 30 Minuten kochen (die Angabe in Klammern bezieht sich auf fertig gekochte Grütze), abkühlen lassen. Grob zerkleinertes Fleisch, fein zerkleinertes Gemüse, Quark und Öl untermischen. **Varianten:** Buchweizengrütze, Gersten- oder Haferschrot; die Hälfte Fleisch durch Tofu ersetzen.
Eine vollwertige, aber preiswerte Ernährungsgrundlage sind Schlachtabfälle vom Schlachthof oder Raiffeisen, Getreide vom Bauern und Gemüseabfälle (Strunk, Außenblätter, Reste) vom Wochenmarkt.

DONNERSTAGS, WENN THEO KOMMT

Donnerstags kommt ganz spezieller Besuch ins Altersheim der Caritas in Würzburg. Er wedelt, heißt Theo und bringt den Alten, die eben noch starr und stumm auf ihren Stühlen nebeneinander saßen und sich jetzt um den Hund drängen, um ihn auch einmal zu streicheln, ein wenig Lebendigkeit zurück. Theo und sein Besitzer sind ehrenamtliche Mitarbeiter des seit 1987 bestehenden und inzwischen 70 Köpfe zählenden Vereins „Tiere helfen Menschen", der zur „tiergestützten Therapie in Heimen" beitragen will.

„Es macht so viel Freude, zu sehen, wie alte oder kranke Heimbewohner wieder ein wenig aus sich herausgehen. Einen haben wir, der sogar wieder anfängt zu reden. Ein Tier kann an tiefere seelische Ebenen rühren, weil wir ihm ohne Vorbehalte begegnen, während den Mitmenschen gegenüber oft tief sitzende Ängste bestehen", erklärt Hanneliese Schmidt-Rotte, Ärztin und Gründungsmitglied. Einem Bewohner der Nervenklinik im Landkreis Unterfranken ist auf Initiative des Vereins sogar gestattet, einen Hund zu halten; so lange sich die Belastung für das Pflegepersonal in Grenzen hält, hat die Heimleitung nichts dagegen. „Er hat jetzt eine Aufgabe, die Spaziergänge halten seinen Kreislauf in Schwung, die Einsamkeit ist gemildert – eine wunderbare Therapie. Das Gesundheitsministerium sollte das mehr fördern", findet Schmidt-Rotte, „es ist so wirkungsvoll – und so billig."

ZUM FRÜHSTÜCK, AUF REISEN
ODER ZWISCHENDURCH:

HUNDEKUCHEN

Portionen auf Vorrat

100 g Hühnerleber

100 g Sojamehl

150 g Vollkorn-
Weizenmehl

1 Ei

2 EL Butter

1 EL Hefeflocken

Hundekuchen lassen sich gut auf Vorrat backen. Die Zutaten für ein halbes Blech: Leber pürieren, mit den übrigen Zutaten zu einem festen Teig verrühren. Entweder zu kleinen Kugeln formen oder 1 Zentimeter dick ausrollen und kleine Rauten schneiden. Auf einem mit Backpapier ausgelegten Backblech im vorgeheizten Backofen bei 180 Grad (Umluft 160 Grad) etwa 10 Minuten backen. **Luftig aufbewahrt halten sie bis zu zwei Monaten.**

FRITZ, SUCH TELEFON!

Behindertenhunde besitzen beeindruckende Fähigkeiten: So gibt es Tiere, die die Vorzeichen eines epileptischen Anfalls bereits 15 Minuten vorher erkennen und ärztliche Hilfe herbeiholen, indem sie die Pfote auf die rote Taste eines Spezialtelefons legen. Ein Blindenhund führt seinen Besitzer auch in einer fremden Stadt auf den Befehl „Such Telefon" zur nächsten Telefonzelle oder auf den Zuruf „Nach Hause" zurück ins Hotel. Die Tiere kaufen ein, lotsen ihre Schutzbefohlenen durch Verkehr und Kaufhäuser und können nach einer gründlichen Ausbildung, die rund 30 000 Mark kostet, bis zu 80 unterschiedliche Befehle verstehen und befolgen.

„Ein Segen", so Graham Ford, Vorsitzender des Vereins „Tiere für Menschen", sei ein gut ausgebildeter Hund für seinen Besitzer: „Viele Behinderte verdanken ihrem Hund ihre Bewegungsfreiheit; manche können wieder arbeiten und ein neues Leben beginnen." Auch die soziale Bindung zum Hund sei für viele isoliert lebende Behinderte bald unentbehrlich.

Die Befähigung zu so viel Verantwortung hängt auch von der Hunderasse ab. Besonders begabt zum Rollstuhlbegleiter zum Beispiel ist der Labrador, weil er gut apportiert – seine Fähigkeit, auf „Such Schlüssel" den heruntergefallenen Schlüssel aufzuheben, kann für einen Gelähmten enorm wichtig sein. Zudem ist der Jagdinstinkt des Labradors schwach, keine Katze lockt ihn von seinem Platz neben dem Rollstuhl. Für Gehörlose wiederum darf es kein Retriever sein, denn der bellt nicht gern; hier ist der Collie mit seiner kräftigen Stimme gefordert.

PANSEN

GUT FÜR DIE VERDAUUNG

GLEICHE KNOCHEN FÜR ALLE!

Kg	bis 5	5 bis 10	10 bis 25	über 25
Pansen	100 g	150 g	300 g	450 g
Innereien (Rind)	100 g	150 g	300 g	450 g
Gelber Leinsamen	1 EL	1,5 EL	3 EL	4,5 EL
Weizenkleie	1 EL	1,5 EL	3 EL	4,5 EL
Haferflocken	3 EL	5-6 EL	130 g	200 g
Sauerkraut	100 g	150 g	300 g	450 g

Fleisch grob zerkleinern, mit den übrigen Zutaten und Wasser zu einem suppigen Brei vermischen.
Nach Belieben Knochenmehl und Mineralstoff-Vitaminpräparat.
Varianten: statt Innereien (Rind) gekochte Geflügel-Innereien oder Magerquark; statt Haferflocken
andere Getreideflocken oder gekochter Reis oder Hirse; statt Sauerkraut frische Sprossen.
Pansen, Leinsamen und Kleie sorgen für Ballaststoffe, Milchsäure im Sauerkraut **regt die Verdauung
an. Wichtig: Ihr Hund sollte dazu viel trinken!**

HÜTET EUCH!

Wer denkt, Schafehüten sei ein beschaulicher, meditativer Job, der irrt. Soll er doch mal versuchen, 20 losgelassene Schafe einzufangen, die hinter Hügeln verborgen und 750 Meter weit entfernt in alle Richtungen auseinander stieben! Das jedenfalls ist die anspruchsvolle Aufgabe, deren Bewältigung die „International Sheepdog Society" bei den jährlichen Meisterschaften von einem Hund erwartet, bevor er sich „Weltmeister" nennen darf.

Schafehüten ist außerdem nicht gleich Schafehüten. Der Job verlangt hoch qualifizierte Spezialisten: Man unterscheidet Hütehunde, die inmitten der Herde leben und sie gegen Angreifer beschützen, von Herdenhunden, die die Herde führen und Ausreißer zurücktreiben.

Die Ausbildung des Hütehundes zum sanften Beschützer der Herde beginnt bereits im Alter von 4 bis 14 Wochen, der für sein Sozialverhalten prägendsten Zeit. In dieser Phase lebt der Welpe in der Herde; der Kontakt mit Menschen und Dominanzverhalten der Herde gegenüber wird unterbunden.

Agression erwünscht. Anders wird der Herdenhund erzogen: Er wächst gemeinsam mit Menschen auf und wird bewusst dazu angehalten, gegen unbotmäßige Schafe kontrollierte Aggression zu entwickeln.

FÜR HUNDE, DIE AUF „SÜSS" STEHEN.
MIT VITAMIN C IM APFEL!

HIMMEL & ERDE

Kg	bis 5	5 bis 10	10 bis 25	über 25
Leber, Herz & Magen vom Huhn	150 g	225 g	450 g	680 g
Gekochte Kartoffeln	100 g	150 g	300 g	450 g
Apfel	½ kleiner	½ großer	1 ganzer	1 ½

Das Fleisch in grobe Stücke teilen, in wenig Wasser 5 Minuten kochen. Kartoffeln und Apfel mit Schale grob zerdrücken bzw. raspeln, alles mit Öl, etwas Wasser und nach Belieben mit Knochenmehl und Mineralstoff-Vitaminpräparat vermischen.
Varianten: Herz und Leber vom Rind (roh); gekochter Vollkornreis oder Bulgur; Birne, Aprikosen.
Das Vitamin C sorgt für optimale Eisenausnutzung.

KINDER, KINDER!

Ihr braucht einen Hund! Mit Hund werdet ihr reifer, klüger und einfühlsamer. Das ist wissenschaftlich bewiesen. Das könnt ihr euren Eltern sagen! – Und das haben Wissenschaftler des britischen Waltham-Verhaltensforschungszentrums und Kinderpsychologen herausgefunden:

● Kinder, die Haustiere haben, entwickeln mehr Verantwortungsgefühl und fügen sich besser in Gemeinschaften ein. ● Bei Kindern im Vorschulalter stärkt ein Haustier das Selbstwertgefühl. ● Ein Tier kann nicht nur das emotionale, sondern auch das geistige Wachstum fördern. ● Kinder mit tierischen Partnern zeigen schneller und mehr Einfühlungsvermögen in andere. ● Familien mit Hund empfinden mehr Familienglück und unternehmen mehr gemeinsam. ● Haustiere geben emotionale Unterstützung: Wenn man Kinder fragt, zu wem sie mit einem Problem gehen würden, nennen sie regelmäßig ihr Tier. Während Menschen kritisierten und urteilten, so die Wissenschaftler, werde das Kind vom Tier bedingungslos akzeptiert: „Das Tier liebt sein Kind auch noch, wenn es schlechte Noten bringt." ● Wichtig ist die Auswahl der richtigen Hunderasse; beileibe nicht alle Hunderassen sind geduldig und kinderfreundlich. Außerdem sollte allen Eltern klar sein: Die ausdauernde Hundepflege, die Spaziergänge und das Füttern können Kinder nicht in der Regelmäßigkeit leisten, wie das Tier es braucht; damit sind sie schlicht überfordert. Und die wünschenswerte Erziehung des Kindes zu einem Menschen, der gerne Verantwortung übernimmt, sollte nicht erzwungen werden. Deshalb: Eltern, die ihren Kindern einen Hund schenken, tragen auch hier die Verantwortung.

Die Autorin (links oben) bei frühen Studien, hier mit Terrier „Mecki"

SELLERIE

MANAGERMENÜ: BERUHIGT DEN MAGEN

Kg	bis 5	5 bis 10	10 bis 25	über 25
Geflügelfleisch	150 g	250 g	450 g	650 g
Knollensellerie	100 g	150 g	300 g	450 g
Fenchelsamen	0,5 TL	1 TL	2 TL	1 EL
Haferflocken	3 EL	5-6 EL	130 g	200 g
Birne	½	¾	1¾	2
Öl	1 TL	1,5 TL	1 EL	1,5 EL

Fleisch klein schneiden, Sellerie schälen und grob raspeln, Fenchelsamen anstoßen. Diese Zutaten mit der doppelten Menge Wasser 10 Minuten leicht kochen lassen, Haferflocken einrühren, weitere 5 Minuten kochen, abkühlen. Birne hineinschneiden und Öl zugeben. **Varianten:** statt Geflügel- Kalbfleisch; statt Knollensellerie Fenchel; statt Fenchel- Kümmelsamen, Fenchel im Teebeutel; statt Hafer- Reisflocken (abwiegen); statt Birne Banane. **Gut gegen Stress:** Sellerie, Fenchel oder Kümmel beruhigen den Magen, Hafergrütze schützt die Magenschleimhaut, Birne ist säurearm.

Wehe, wenn der Postmann einmal klingelt!

Was in Gottes Namen haben Hunde gegen Briefträger? Jährlich vergreifen sie sich an rund 3 000 deutschen Postbeamten und richten dabei Schäden in Millionenhöhe an. Einige Hundebesitzer interpretieren das als rebellischen Autoritätshass und glauben, ihr Hund könne Uniformen nicht leiden.

Reine Projektion: Auf Uniformen reagiert der Hund deshalb feindselig, weil er sie nicht kennt und darum fürchtet. Den Schutz des Reviers betrachten Hunde als ihre wichtigste Aufgabe. Wie der Wolf reagiert auch sein Nachfahr, der Haushund, aggressiv auf Eindringlinge in sein Territorium, und diese Eigenschaft hat der Mensch aus Eigeninteresse und durch Züchtung über Jahrtausende verstärkt.

Fehlinterpretation. Dazu kommt ein ebenso simpler wie unbeabsichtigter Lerneffekt im Hundehirn: Erst dringt der Postbote in das Revier ein – und nach dem heftigen Aufstand geht er tatsächlich wieder! Dem entnimmt der Hund, dass seine Abschreckungsstrategie funktioniert, und schließt: Es klappt! Das mache ich jetzt immer so.
Übrigens: Wenn Ihr Hund in dieser Hinsicht besonders erfolgreich ist, kann es sein, dass die Post eines Tages ihrerseits die Zähne zeigt und die Zustellung verweigert.

MARKiER

ODER VERLIER — DAS IST DAS GESETZ DER STRASSE.

DER ABGESCHLOSSENE ROMAN ÜBER DEN TÄGLICHEN, UNERBITTLICHEN KAMPF AUF UNSEREN STRASSEN, IN DEM UNERSCHROCKENE RÜDEN NICHT MÜDE WERDEN, FÜR IHRE EHRE UND IHR REVIER ZU PINKELN.

GOURMET-MENÜ

Kg	bis 5	5 bis 10	10 bis 25	über 25
Schaf-Innereien, roh	100 g	150 g	300 g	450 g
Apfel	1 kleiner	1 großer	2	3
Hirseflocken	100 g	150 g	300 g	450 g
Sesamsamen	1 EL	1 ½ EL	3 EL	4 ½ EL
Dickmilch 3,5 %	100 g	150 g	300 g	450 g

Fleisch grob zerkleinern, mit einigen Esslöffeln Wasser etwa 15 Minuten kochen, bis es durch ist. Mit dem zerkleinerten Apfel und den übrigen Zutaten mischen, nach Belieben noch etwas Knochenmehl und Mineralstoff-Vitaminpräparat zugeben.
Varianten: Innereien vom Rind (roh); statt Apfel Birne, Beeren, Pfirsich, Aprikose; statt Hirse Hafer- oder Reisflocken; statt Sesamsamen Sonnenblumenkerne oder gehackte Nüsse; statt Dickmilch Joghurt oder Kefir. **Ein Rezept zum Verwöhnen!**

KÖNIGLICHE KÖTER

Von Kaffernkönig Lobengula von Matabeleland in Südrhodesien ist überliefert, dass er für eine Deutsche Dogge zwei Wagenladungen Elfenbein und beliebig viele Sklavinnen bot.

Cleopatra, Friedrich der Große und Katharina von Medici umgaben sich mit Windhunden. Hunderassen mit ungewöhnlichem Äußeren oder Können galten schon seit jeher als Kostbarkeit: Botschafter übergaben sie als Geschenk, wenn sie in fremde Länder reisten, um für Handelskonzessionen zu werben, und Könige und Fürsten verschenkten sie als Zeichen der Wertschätzung.

Die blaublütige Vorliebe für Hunde gilt erst recht für die Königliche Familie einer Nation von Hundeliebhabern: Abgesehen von den Jack-Russell-Terriern, Labradors und Spaniels von Prinz Charles und einer Meute für die Jagd, deren genaue Zahl zu benennen die Pressesprecherin des Buckingham Palace außerstande war, „weilen derzeit acht Hunde als Begleiter der Queen im Palast." Es handelt sich um vier Corgies namens Kelpie, Phoenix, Pheros, Swift und um die vier Dorgies (Dachshound-Corgie-Mix) Harris, Brandy, Cyder und Birry.

HERING

FRISCH UND ROH!

Kg	bis 5	5 bis 10	10 bis 25	über 25
Hering	120 g	180 g	360 g	540 g
Gekochte Kartoffeln	100 g	150 g	300 g	450 g
Gekochte Möhren	100 g	150 g	300 g	450 g
Joghurt 1,5 % Fett (1 Becher 150 g)	1 Becher	1 ½	3	4,5

Fisch entgräten, alle Zutaten grob zerkleinern, mischen und mit Knochenmehl und Mineralstoff-Vitaminpräparat mischen. **Varianten:** statt Hering Makrelen oder magerer Meeresfisch plus 1 TL Öl pro 100 g; statt Kartoffeln Vollkornreis oder Hirse; rohe Möhren, roher Brokkoli, gegarter Kohl statt gekochten Möhren. **Seefisch liefert Jod** und reichlich Omega-3-Fettsäuren – aber **Vorsicht, Gräten!** Milchprodukte – wie Joghurt – sind calciumreich; gesäuert verträgt sie der Hund besonders gut.

WO, BITTE, GEHT'S NACH HOLLYWOOD?

Drehpause. Mit Blick auf eine verträumte Bucht der Ferieninsel Fuerteventura hockt der Star der RTL-Spielfilmserie „Willy Wuff" und hechelt in der spanischen Sonne. Gleich hat der TV-Profi, der auch schon zu Gottschalk zum Talken gebeten wurde, eine besonders anspruchsvolle Szene: Er soll einen Bobtail darstellen, der bellt.

Was auf der Leinwand am einfachsten aussieht – bellen und gleichzeitig laufen etwa – ist für Filmhunde am schwierigsten zu lernen. „Entweder er läuft – dann hört er auf zu bellen. Oder er bellt – dann bleibt er stehen", sagt Willys Trainerin Renate Hiltl, deren Schüler mit Prominenz wie Götz George, Christine Kaufmann oder Günther Strack zusammenarbeiten.

Spektakuläre Action-Szenen, in denen Willy Tennisbälle im Flug fängt oder einem Gangster nachsetzt, sind einfacher zu trainieren. „Die Kunst besteht darin, dem Hund selbstverständliche Handlungen

überhaupt erst einmal bewusst zu machen, bevor man sie ihm beibringen kann."

Wie sie's macht, bleibt ihr Geheimnis; auffällig ist jedoch ihre wandlungsfähige Stimme, die in Sekundenbruchteilen von zärtlich auf streng umschlagen kann. So hat Willys Ausbildung bei Renate Hiltl nicht nur Geduld und noch mehr Wiener Würstchen, sondern auch 15.000 Mark gekostet.

HYPOALLERGENES MENÜ:
WENN DAS FELL JUCKT
ODER DER HUND NIEST

GESUNDHEITSFUTTER

Kg	bis 5	5 bis 10	10 bis 25	über 25
Mageres Fleisch oder Innereien vom Schaf	120 g	180 g	360 g	540 g
Gekochter Vollkornreis	100 g	150 g	300 g	450 g
Gurke oder Zuchini	100 g	150 g	300 g	450 g
Pflanzenöl	1 TL	1,5 TL	1 EL	1,5 EL

Alle Zutaten grob zerkleinern, das Fleisch nicht garen. Nach Belieben etwas Wasser, Knochenmehl und Mineralstoff-Vitaminpräparat untermischen. **Das ideale Rezept, wenn eine Allergie besteht.**

EDEL SEI DER HUND, HILFREICH UND GUT

Treu, brav, keine Macken, keine Zecken: Das sind Hunde, wie wir sie auf der Leinwand wedeln sehen wollen. Unübertroffen der legendärste Hundestar aller Zeiten ist wohl immer noch Lassie. In „Heimweh" mit Liz Taylor verkörperte der Collie den Inbegriff des Guten, Treuen und Schönen, und das mit so anhaltendem Erfolg, dass neun abendfüllende Filme und über 600 TV-Episoden folgten. Im aktuellsten Kinofilm von 1995 spielt ein Collie der achten Generation mit; trainiert hat ihn Robert Weatherwax, dessen Vater schon 1943 vor über einem halben Jahrhundert die erste Lassie ausgebildet hat.

Seitdem werden Lassies mit den typischen Markenzeichen gezüchtet – blütenweiße Streifen an Kopf und Kragen und weiße Socken an den Pfoten. Jüngster Senkrechtstarter im Filmgeschäft ist Reginald von Ravenhorst alias Rex aus der Krimiserie von ORF und SAT1. Der gebürtige Bayer wurde ausgebildet von Teresa Ann Miller, Tochter von Carl Lewis Miller, der für Kevin Kostners „Der mit dem Wolf tanzt" die Wölfe trainierte. Rexens Augenaufschlag ist so dermaßen treu, dass der Gedanke schwerfällt, dass er wahrscheinlich nur ein Wiener Würstchen fixiert, das hinter der Kamera hängt.

Aber es wirkt: Laut Umfrage spielt seit der Ausstrahlung der Serie jeder fünfte Zuschauer in Österreich mit dem Gedanken, sich einen eigenen Rex zuzulegen. So ein toller Hund: So treu … immer frisch gefönt … keine Zecken … die werden sich wundern …

Wann Ihr Hund in das reifere Alter kommt, hängt von der Rasse ab; durchschnittlich werden Haushunde 15 Jahre alt.

Es tut ihm gut, wenn Sie ihm das Futter jetzt zerkleinert und gedünstet statt roh anbieten, denn sein Gebiss lässt nach und die Verdauungsleistung sinkt. Wichtig ist, dass das Futter viel Eiweiß enthält und leicht verdaulich ist.
Achten Sie darauf, dass er wenig Fett zu sich nimmt; denn er bewegt sich jetzt weniger und setzt leichter an.

Hat Ihr Hund immer großen Appetit? Dann können Sie ihn mit milden Ballaststoffen zufrieden stellen (siehe unser Schlankheitsrezept). Übergewicht kann besonders für ältere Hunde fatal sein, die zu Problemen mit Rücken oder Hüfte neigen, denn die Kilos belasten die Gelenke; auch der Kreislauf leidet darunter.

Wenn er aber im Gegenteil wenig Lust zum Fressen zeigt, Ärger mit den Zähnen hat oder unter einer Krankheit leidet, dann füttern Sie ihn mit konzentrierter Nahrung, also mit mehr Öl und Fleisch.
Sie können ihn auch nach einem der Kraft-Rezepte für den jungen Hund ernähren.
Und geben Sie mehrere Mahlzeiten am Tag – das baut auf.

LECKERE REZEPTE FÜR

SENIOREN

ABNEHMEN OHNE ZU DARBEN

WEG MIT DEM SPECK!

Kg	bis 5	5 bis 10	10 bis 25	über 25
Mageres Pferdefleisch	100 g	150 g	300 g	450 g
Sojasprossen	100 g	150 g	300 g	450 g
Gelbe Leinsamen	1 EL	1,5 EL	3 EL	4,5 EL
Weizenkleie	1 EL	1,5 EL	3 EL	4,5 EL
Magerquark	50 g	75 g	150 g	225 g
Öl	1 TL	1,5 TL	1 EL	1,5 EL
Popcorn (ohne Würze)	1 Tasse	1,5 Tasse	3 Tasse	4,5 Tasse

Fleisch und Sprossen hacken, mit übrigen Zutaten und Wasser zu Brei vermischen
Varianten: statt Pferdefleisch Rindfleisch, Pansen mit Rinderherz;
andere Sprossen, Sauerkraut oder gekochte Möhren statt Sojasprossen; statt Magerquark Hüttenkäse.
Hilft abnehmen, füllt aber trotzdem den Magen.

HUNDE, ES IST GEISTER-STUNDE!

Die Ghostbuster in dem US-Kinohit mit Dan Aykroyd schnallten sich staubsaugerähnliche Superwaffen auf den Rücken, um mit den New Yorker Geistern fertig zu werden. Dabei braucht man dazu nur einen Hund: In vielen abergläubischen Vorstellungen wird Hunden das Talent zugeschrieben, tote Seelen verscheuchen zu können.

Geisteralarm! Wenn Sie etwa nachts mit ihm spazieren gehen und er sich plötzlich mit gesträubtem Fell an Ihre Beine drängt, dann sind garantiert einige in der Nähe. Und falls Sie den Geist ebenfalls erblicken wollen, dann, so empfiehlt der Aberglaube, sollten Sie hinter dem Hund in die Knie gehen und zwischen seinen Vorderbeinen oder Ohren durchblicken. Alternativ können Sie auch Ihre Augen mit seinen „Tränen" bestreichen, was aber vielleicht nicht jedem liegen dürfte. Vorbeugend wirkt auch Hundegeheul. Besondere Abwehrkraft, so heißt es in Kärnten, haben Hunde mit gelben Flecken über den Augen, die „Vieräugli".

ICH WOLLT', ICH KRIEGT'EIN

HUHN

... DA HÄTT'ICH WAS ZU TUN

Kg	bis 5	5 bis 10	10 bis 25	über 25
Hühnerbrust	100 g	150 g	300 g	450 g
Lauch	100 g	150 g	300 g	450 g
Sojamehl	1 EL	1,5 EL	3 EL	4,5 EL
Eier	1	1 - 2	2 - 4	4 - 5
Buttermilch	2 EL	3 EL	6 EL	125 ml
Öl	1 TL	1,5 TL	1 EL	1,5 EL
Weizenvollkornmehl	1 EL	1,5 EL	3 EL	4,5 EL

Fleisch und Gemüse klein schneiden, im Öl andünsten, etwas Wasser zugeben und 10 Minuten garen. Alle übrigen Zutaten mischen, in der Pfanne stocken lassen.

Varianten: Kalbfleisch, Pute, Rinderherz statt Huhn; statt Lauch Fenchel mit Knoblauch, Kohlrabi; Haferflocken statt Soja- und Weizenvollkornmehl; statt Buttermilch Joghurt.

Wenn das Kauen schon etwas schwer fällt – Hühnerfleisch ist leicht verdaulich, Lauch wirkt gegen Infektionen. Soja, Buttermilch, Ei und Weizen liefern wertvolles Eiweiß.

SAG NIEMALS NIE ZU PSI

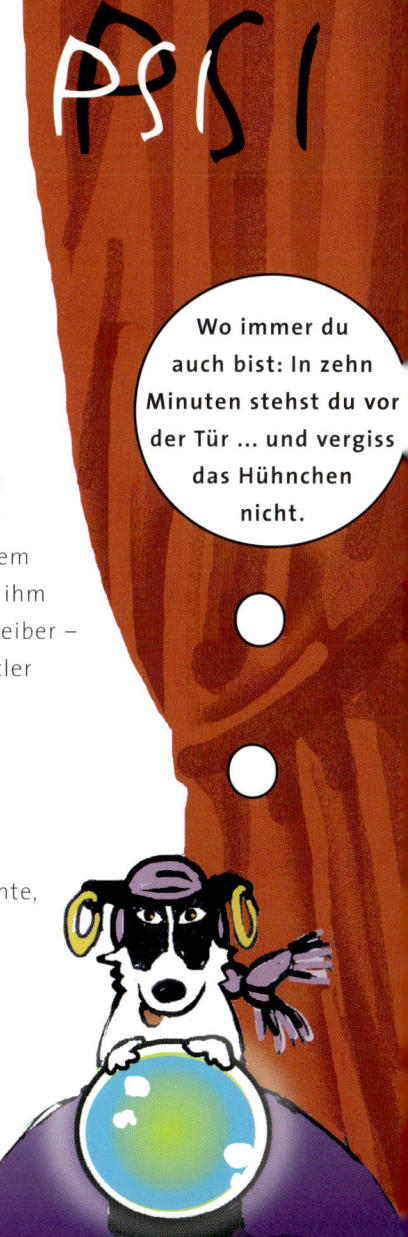

„37 Jahre lang hatte ich Cocker-Spaniel. Viermal im Monat fuhr ich mit dem Auto für einige Stunden einkaufen. Jedesmal berichtete mir die Familie, dass sich meine Hunde pünktlich zwanzig Minuten vorher vor die Haustür gesetzt und gewartet hatten. Die wussten einfach, wann meine Gedanken heimwärts gingen."

Hunde als Hellseher? Soweit der Brief dieses Schweizer Hundefreundes. 500 ähnliche Berichte aus ganz Europa über hellseherische Fähigkeiten von Haustieren sind die Ausbeute eines unkonventionellen Experiments, das der englische Biologieprofessor Rupert Sheldrake initiiert hat: Jeder, der an seinem Tier schon einmal unerklärliche Talente beobachten konnte, ist aufgerufen, ihm darüber zu berichten. 30 Briefe waren so außergewöhnlich, dass er die Schreiber – Rentner ebenso wie Physiker oder Chemiker – bat, als Amateurwissenschaftler mitzuarbeiten.

Sheldrakes Ziel: Er will beweisen, dass es unsichtbare Felder gibt, über die Lebewesen sich miteinander verständigen. Wäre die Existenz dieser Felder erwiesen, müsste unsere Weltsicht mit ihrer Trennung zwischen Geist und Körper revidiert werden, meint Sheldrake in seinem Buch „Sieben Experimente, die die Welt verändern könnten".

Wer also Lust verspürt, die Welt zu verändern, und ein Haustier besitzt, schreibt an die **Schweisfurth-Stiftung, Sieben-Experimente-Projekt, Südliches Schloßrondell 1 in 80638 München.**

Wo immer du auch bist: In zehn Minuten stehst du vor der Tür ... und vergiss das Hühnchen nicht.

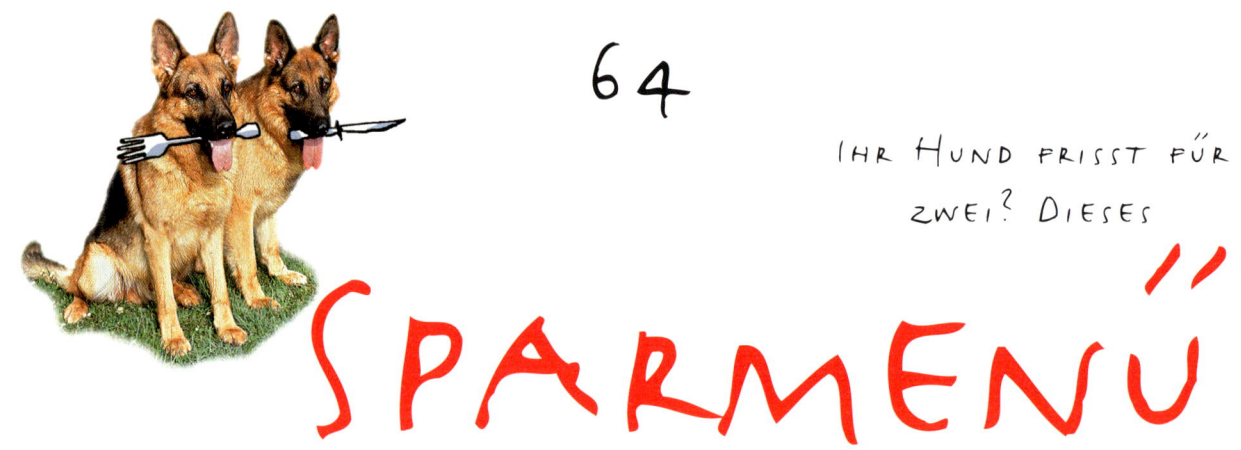

IHR HUND FRISST FÜR ZWEI? DIESES

SPARMENÜ

SCHONT IHRE KASSE, IST GESUND UND SCHMECKT.

Kg	bis 5	5 bis 10	10 bis 25	über 25
Vollkornbrotscheiben (alt)	1	1 ½	3	4 ½
Buttermilch	0,1 l	0,2 l	0,3 l	0,40 l
Schlachtabfälle/Innereien	100 g	150 g	300 g	450 g
Sauerkraut	100 g	150 g	300 g	450 g
Öl	1 TL	1,5 TL	3 TL	4,5 TL

Das Brot in warmem Wasser einweichen, ausdrücken, mit Buttermilch, den gehackten Schlachtabfällen, dem klein geschnittenen Kraut und Öl mischen. **Varianten:** 100 g gekochte Kartoffeln statt 1 Scheibe Brot, die Hälfte Schlachtabfälle durch Magerquark ersetzen, gekochte Möhren oder Rüben statt Sauerkraut. **Gesundes Essen muss nicht teuer sein!**

WAS TIERLIEBE MIT WASSER ZU TUN HAT

Die Einstellung des Menschen zum Hund – Verehrung oder Verachtung – scheint mit dem Wetter zusammenzuhängen.

Die alten Ägypter beispielsweise sahen den Hund als Vorboten des ersehnten Nilhochwassers an. Der Grund: Uralten Mythen zufolge führte einst ein Jäger einen dermaßen ausschweifenden Lebenswandel, dass die Götter ihn bestraften und mitsamt seinen Hunden als Stern an den Himmel versetzten: den Hundsstern (Sirius). Nach dem Hundssternbild berechneten die alten Ägypter denn auch das Jahr: Sie setzten den Jahresbeginn auf den Tag fest, an dem Sirius im Süden stand. Das war im Frühling; in eben der Jahreszeit, in der der Nil Hochwasser führte, die Ufer überschwemmte und Felder und Äcker zum Gedeihen brachte.

Umgekehrt nahm man dem Hund aber auch Hitzeperioden übel, in denen es kein Wasser gab, Pflanzen verdorrten und Krankheitskeime in stehenden Gewässern Gefahr brachten: „Hundstage" nennt man heute noch diese heiße Hochsommerzeit. In vielen Gegenden glaubte man auch, dass Hunde von Wassermangel die gefürchtete Tollwut bekämen. Darum heißt es auch in Sagen und Märchen, man könne Unheil oder die Tollwut abwenden, wenn man seinen Hund „Wasser" nennt.

Gesund!!!

ROHER FISCH

mit Kartoffeln und Ei

Kg	bis 5	5 bis 10	10 bis 25	über 25
Magerer Seefisch	100 g	150 g	300 g	450 g
Rote Paprikaschoten	100 g	150 g	300 g	450 g
Ei, hart gekocht	1	1 ½	3	4 ½
Gekochte Kartoffeln	100 g	150 g	300 g	450 g
Öl	1 TL	1,5 TL	1 EL	1,5 EL

Den Fisch (Leng, Köhler, Seelachs) entgräten, mit den Paprika zerkleinern.
Ei und Kartoffeln grob zerdrücken, mit Öl, Fischmischung und Wasser zu Brei rühren, nach
Belieben gehackte Kräuter, Knochenmehl und Mineralstoff-Vitaminpräparat zugeben.
Fischfilets können auch ältere Hunde roh gut bewältigen.
Ei und Kartoffeln ergänzen das Eiweißangebot.

EIN HÖLLISCH
GUTER WACHHUND

Wenn Sie jemand schon mal als „Cerberos" tituliert hat, können Sie das getrost als Beleidigung auffassen. Im Alltagssprachgebrauch meint man damit zwar nur, dass jemand aufpasst wie ein Schießhund. Doch ursprünglich, im griechischen Mythos der Antike, galt der Höllenhund Cerberos als so erschreckend hässlich, dass sich jeder, der seiner ansichtig wurde, auf der Stelle in Stein verwandelte: Cerberos hatte drei Köpfe auf dem Hals und Schlangenköpfe auf dem Rücken. Und wohin er spuckte, sprossen giftige Pflanzen aus dem Boden (mehr Infos in Dantes „Inferno").

Sein unvorteilhaftes Äußeres verlieh ihm jedoch die nötige Kompetenz für seinen Job als Wachhund vor dem Tor zur Unterwelt, dem Reich des Höllengottes Hades. Neuzugänge an toten Seelen hatte er mit seinem Schlangenschwanz bedrohlich anzuwedeln, aber hineinzulassen. Hölleninsassen wurden an der Flucht gehindert, indem er sie verschluckte. Und Lebendigen war der Eintritt ohnehin strikt untersagt. Allerdings war Cerberos auch ein ganz klein wenig korrupt: Orpheus kam an ihm vorbei, indem er ihm Musik vorspielte, und als ihm das Orakel Sybille einen in Wein getränkten Kuchen reichte, drückte er ein Auge zu und ließ sie vorbei.

Warnung
Bissiger
Cerberos

SUPPE

GIBT
SAFT UND KRAFT

Kg	bis 5	5 bis 10	10 bis 25	über 25
Je zur Hälfte Rinder-herz und Putenfleisch	100 g	150 g	300 g	450 g
Kartoffeln	100 g	150 g	300 g	450 g
Möhren	100 g	150 g	300 g	450 g
Gelatine gemahlen	1 EL	1,5 EL	3 EL	4,5 EL
Hefeflocken	2 EL	3 EL	6 EL	9 EL
Öl	1,5 TL	2 TL	4 TL	2 EL

Fleisch, Kartoffeln und Möhren klein schneiden, mit Wasser bedecken und etwa
30 Minuten kochen. Mit den übrigen Zutaten mischen, etwas zerstampfen; nach Belieben
Knochenmehl und Mineralstoff-Vitaminpräparat zugeben.

Varianten: Kalbfleisch; statt Kartoffeln Hirse (je 100 g Kartoffeln 25 g Hirse), statt Möhren Blumenkohl, Brokkoli oder Lauch; statt Hefeflocken Weizenkeime.

Diese milde Kraftkost, die leicht zu kauen ist, hält den Senioren fit!

Die ALTE Dame Schnurz

Dies ist Haushund Schnurz. 30 Jahre alt ist die Jagdterrierhündin geworden! Die Clüvers im niedersächsischen Verden wissen das deswegen so genau, weil Schnurz am selben Tag aus dem Tierheim geholt wurde, als Sohn Harm seinen ersten Geburtstag feierte. Seitdem war sie im Dorf eine feste Einrichtung: Täglich zweimal drehte sie ihre Runde durchs Dorf – morgens um acht und nachmittags um drei, man konnte die Uhr nach ihr stellen, behaupten die Verdener. Sie hörte zwar schlecht und hatte Figurprobleme (was allerdings auf das Konto des Verdener Bäckers geht, der ihr täglich ein Stück Sahnetorte überreichte). Doch für ihre – auf menschliche Verhältnisse umgerechnet – etwa 140 Jahre hat sie sich in Bestform gehalten.

Ein wahrhaft biblisches Alter: Die Lebenserwartung der meisten Haushunde liegt zwischen 13 und 18 Jahren. Generell gilt: je kleiner der Hund, desto langlebiger. So werden Bernhardiner selten älter als zwölf, Doggen oft nur sieben Jahre alt. Auch die wenigen wild lebenden Wölfe, die es noch gibt (in Nordamerika etwa 40 000 – im Vergleich zu 50 Millionen Haushunden) werden selten älter als sieben. Das liegt zum einen daran, dass sie am Rande der Zivilisation kein leichtes Leben führen; zum anderen sind viele Haushundrassen durch Züchtung auch robuster geworden.

Zu Harms Dreißigstem ist Schnurz nach einem freien Leben friedlich verschieden.

LEICHTES

SCHONKOST MIT MAGERQUARK, UND DAZU
EIN STÜCKCHEN SÜSSE APRIKOSE

Kg	bis 5	5 bis 10	10 bis 25	über 25
Kaninchen	100g	150g	300g	450g
Parboiled Reis	50 g (100)	40 g (150)	75 g (300)	110 g (450)
Gurke	50 g	75 g	150 g	220 g
Aprikose	1	1 ½	3	4 ½
Magerquark	50 g	75 g	150 g	225 g
Öl	1 TL	1,5 TL	1 EL	1,5 EL

Fleisch klein schneiden, im Öl andünsten, Reis zugeben und die dreifache Menge Wasser angießen, 20 Minuten kochen. Dann fein geraspelte Gurke, zerkleinerte Aprikose und Quark zugeben. Wenn nötig, pürieren. **Varianten:** Rinderherz, Geflügel statt Kaninchen; Quinoa, Bugur, Amaranth statt Reis; Zucchini, gedünstete Möhren statt Gurken und Aprikosen; Hüttenkäse statt Magerquark, Butter statt Öl. **Alte Hunde haben manchmal Verdauungsprobleme. Dieses fettarme, leicht verdauliche und doch eiweißreiche Futter schafft Erleichterung.**

Liebe, Hunde und Hiebe

Seit jeher hält der Volksmund den Hund für fähig, zukünftige Ereignisse zu wittern; und diese prophetische Gabe nutzte man vielerorts als eine Art Ehevorhersage-Service. So gibt es einen Spruch, der besagt: Beißen sich die Hunde vor der Hochzeit, so schlagen sich später die Eheleute. Ein etwas hinterhältiges Orakel, denn raufende Hunde gibt es immer und überall ...

Für heiratslustige Mädchen im Erzgebirge hieß es: Wenn in der Andreasnacht kein Hundegebell zu hören ist, dann wird sich in diesem Jahr auch kein Bewerber blicken lassen.

Die Mädchen in Schlesien gaben dem Hund ein Stück Gebäck und schickten ihn auf die Strasse. Aus der Himmelsrichtung, die er einschlug, würde eines schönen Tages der zukünftige Bräutigam kommen. Oder mehrere Mädchen legten Brotstücke aus und boten sie dann einem Hund an – diejenige, deren Brot er zuerst fraß, würde auch als Erste heiraten.

Heiratslustig oder scheidungsreif – es kann nicht schaden, seinen Hund gut im Auge zu behalten.

VEGETARISCH,

ABER DENNOCH MIT VIEL EIWEISS!

Kg	bis 5	5 bis 10	10 bis 25	über 25
Tofu	200 g	300 g	600 g	800 g
Edamer (fett- und salzarm)	25 g	40 g	75 g	110 g
Blumenkohl	100 g	150 g	300 g	450 g
gekochte Kartoffeln	100 g	150 g	300 g	450 g

Alle Zutaten grob hacken; Blumenkohl dünsten; alles mit etwas Wasser und nach Belieben Knochenmehl und Mineralstoff-Vitaminpräparat zu Brei mischen.

Varianten: Die Hälfte Tofu durch Magerquark ersetzen; pro 25 g Edamer ein hart gekochtes Ei; statt gedünstetem Blumenkohl Sojasprossen oder Pilze; statt Kartoffeln 100 g gekochte Hirse.

Dieses vegetarische Rezept kombiniert Hülsenfrüchte, Milchprodukte und Kartoffeln so, dass der Hund auch ohne Fleisch ausreichend Eiweiß bekommt.

Wenn der Hund stirbt

Kürzlich ist Rudis Freundin Trixie gestorben, die betagte Dackeldame von gegenüber. Als uns Trixies Besitzer ihre Habseligkeiten brachte – abgekaute Quietschepuppen, Hundekuchen, Futter – hatte er geschwollene Augenlider.

Der Tod eines Haustieres löst tiefe Trauer aus. Die Wissenschaftler der englischen Waltham-Universität, wo man sich mit den Beziehungen zwischen Mensch und Tier beschäftigt, plädieren dafür, diese Gefühle ernst zu nehmen und sich ihrer nicht zu schämen, weil es sich „nur" um ein Tier gehandelt hat. Gerade für Kinder hilfreich sind Zeremonien wie das Begräbnis im Garten; wer sich gar an einen Friedhof (in Berlin gibt es einen Haustierfriedhof) wenden will, soll dies – so der wissenschaftliche Rat – ruhig tun, wenn er damit den Tod des Tieres besser verarbeiten kann.

Leider ist das Verständnis der Mitmenschen dafür oft gering. „Sogar sehr enge Freunde können die Tiefe der Gefühle, die ein Tierbesitzer erfährt, wenn es stirbt, nicht nachvollziehen", so die Wissenschaftler. „Viele schlagen vor, schnell ein neues zu kaufen – als handle es sich um einen Haushaltsgegenstand und nicht um ein Lebewesen."

Viele Trauernde bleiben darum mit ihren wahren Gefühlen allein. Ärzte wissen, dass der Tod eines Tieres nicht selten auch an tiefere Schichten rühren und große psychische Probleme auslösen kann. In den USA (und jetzt auch in England) haben Tierärzte und Veterinärschulen darum eine Telefonseelsorge eingerichtet. Bereits im ersten Jahr kamen über 500 Anrufe; meistens von Menschen, die zwölf Jahre oder länger mit ihrem Tier zusammengelebt und es nun verloren hatten.

PUTE

NICHT NUR MENSCHEN LIEBEN DIE ITALIENISCHE KÜCHE ...

Kg	bis 5	5 bis 10	10 bis 25	über 25
Puteninnereien	100 g	150 g	300 g	450 g
Zucchini	100 g	150 g	300 g	450 g
Olivenöl	1 TL	1 ½ TL	2 gestr. TL	1 EL
Maisgrieß	20 g	30 g	60 g	90 g
Hüttenkäse	50 g	75 g	150 g	225 g

Fleisch und Zucchini klein schneiden, im Öl andünsten, Grieß zugeben und mit der dreifachen Menge Wasser angießen, 15 Minuten kochen. Dann Hüttenkäse zugeben. Nach Wunsch zerdrückten Knoblauch, Basilikum, Knochenmehl und Mineralstoff-Vitaminpräparat zugeben.

Varianten: statt Puteninnereien Geflügelfleisch, Rinderherz; statt Zucchini Kürbis, Tomaten, Gurke; neutrales Öl statt Olivenöl; statt Mais- Weizengrieß, Buchweizengrütze; statt Hüttenkäse Magerquark.

WAS SEHEN WIR IM TIER?

„Haustiere schenken uns jeden Tag ihres Lebens ihre Liebe und Hingabe. Doch ist es eine traurige Wahrheit, dass unsere geliebten Tiere nur wenige Jahre leben, bevor der Tod sie von unserer Seite reißt – bis jetzt. Wäre es nicht wundervoll, unser Tier für Generationen bei uns zu haben?" So beginnt die Werbebroschüre der US-Firma „Geneti Pet", die für 200 Dollar jährlich Blutproben gestorbener Haustiere bei minus 150 Grad Celsius einfriert und lagert – und das so lange, bis die Wissenschaft einen Weg gefunden habe, aus Zellproben identische Klone herzustellen. Dass es je so weit kommen wird, ist unter Genforschern umstritten. Zwei Jahre nach der Firmengründung 1994 hatte „Geneti Pet" bereits 200 000 Kunden.

Tierliebe kann groteske Formen annehmen. Viele Menschen lieben ihr Haustier mehr als ihre Artgenossen; Katharina die Große ließ ihrem Hund gar ein Mausoleum errichten. Aber nicht nur unsere Affenliebe, auch unsere Verachtung kann extrem sein: Immer noch führen Hunde in vielen Ländern und in Tierheimen ein elendes Dasein. Und sie lassen sich auch als Mittäter missbrauchen: Hunde hetzten entlaufene Sklaven in den Südstaaten zu Tode, dienten römischen Soldaten als grausame ➡

Kriegswaffe und zerfetzten Pferde zur Belustigung des Adels. Sie sind Opfer, Tröster und Ware. Sie sind, was wir aus ihnen machen.

Was sagen Psychologen über unser Verhältnis zum Tier? In der Frühzeit der Menschheitsgeschichte war die Kluft zwischen Mensch und Tier wohl gar nicht so groß. Der Mensch sah sich als Tier unter Tieren. Er hielt sich nicht für die Krone der Schöpfung, sondern bewunderte die Tiere für ihre Überlegenheit. In alten Schöpfungsmythen ist es ein Tier, das die Welt entstehen ließ. So ist aus vielen Kontinenten der Mythos von der Schildkröte überliefert, die auf ihrem Rücken die Erde aus dem Meer emporträgt. Die ersten ägyptischen Herrscher ließen sich als Tiere verehren und bewiesen so ihre göttliche Herkunft. Vor etwa 10 000 Jahren jedoch fand der Mensch heraus, dass er sich das Tier nutzbar machen konnte. Und wer Vieh besitzt, kann in Hungerzeiten nicht einfach seinem Instinkt nachgeben und es kurzerhand schlachten, denn er muss dafür sorgen, dass er seinen Bestand nicht gefährdet: Der Mensch lernte also allmählich, seine Triebhaftigkeit zu beherrschen, und verließ damit die Gemeinschaft der Tiere. Aber, sagen die Psychologen, das Gemeinsame, das wir mit den Tieren teilen, Instinkte und Triebe, verschwanden nicht etwa, sondern wurden im Laufe der Jahrtausende abgedrängt: ins Unterbewusstsein des Menschen.

In Märchen und Träumen nehmen unsere Instinkte die Gestalt von Bären, Wölfen, Schlangen an. Bei den von dem berühmten Psychologen C. G. Jung beeinflussten Kollegen heißt es, Tiere träten immer dann im Traum auf, wenn wir unsere Instinktseite vernachlässigen – je stärker sie vernachlässigt ist, desto wilder das Tier im Traum.

In der Folge vergrößerte sich diese Kluft immer mehr, weil der Mensch sein Wissen durch Sprache und Schrift ungleich schneller zu verbreiten vermag als das Tier, das seine Jungen Verhaltensweisen nur lehren kann, indem es sie ihnen vorlebt. Dennoch dürfte sich der Mensch bis ins Mittelalter hinein seiner Überlegenheit über das Tier gar nicht so sicher gewesen sein: Noch im Europa des 18. Jahrhunderts gab es Tierprozesse gegen Schweine und Hunde, die vor Gericht gebracht, schwerer Verbrechen angeklagt und zu Folterstrafen verurteilt wurden wie menschliche Verbrecher auch. Erst mit der Aufklärung, die an die Überlegenheit der Vernunft glaubte, nahm unser Verhältnis zum Tier die aktuelle Form an. Seitdem wird es als vernunftloses Wesen, wenn nicht gar als seelenlose Sache angesehen, so etwa von dem Philosophen Descartes. Parallel zu dieser Entwicklung wurden die ersten Tierschutzvereine gegründet – die „Tierliebe" entstand, wie wir sie heute kennen.

In dem Maße, wie der Mensch zunehmend die Fähigkeit herausbildete, sich selbst distanziert, mit den Augen eines anderen zu sehen – also Bewusstsein von sich selbst erwarb –, vergrößerte sich die Kluft zu seinen Trieben und zum Tier. Diese Trennung kompensierte er, indem er lernte, sich in andere Menschen und ihre Gefühle hineinzuversetzen. Doch ist diese Einfühlung eine Illusion: Das, was wir an unserem Hund, der schwanzwedelnd auf uns zu kommt, wahrzunehmen glauben, ist vor allem eine Spiegelung unserer eigenen Gefühle – vielleicht unseres Wunsches, bedingungslos geliebt zu werden.

Von Sündenböcken, Werwölfen und Vampiren. Das Tier kann sich gegen unsere Projektionen nicht wehren. So brauchen wir seit jeher das Tier, um unsere verleugneten Anteile einem „Sündenbock" zuzuschieben: Dem Bock, der geopfert wurde, schrieben wir unsere Bösartigkeit zu. Aus dieser Haltung – guter Mensch, böses Tier – entstanden die Werwolf- und Vampir-Mythen. In der sentimentalen Tierliebe dagegen – gutes Tier, böse Menschen – spiegelt sich unsere Sehnsucht nach Natürlichkeit, seelischer Unversehrtheit und Geborgenheit.

Zwischen Kontrolle und Sehnsucht. So müssen wir uns einerseits unserer Überlegenheit über andere Geschöpfe, die Natur und uns selbst immer wieder versichern. Andererseits empfinden wir eine tiefe Sehnsucht zurück nach diesem paradiesischen Zustand als Tier unter Tieren – im Hier und Jetzt lebend, ohne Wissen darum, dass wir sterben müssen, ohne Selbstzweifel. Wie sagte Sigmund Freud: „Tiere sind immer richtig." In der Liebe zum Tier versuchen wir vielleicht, uns diesem beneidenswerten Zustand von Eindeutigkeit und Einfachheit ein wenig zu nähern.

KRAFTFUTTER

Kg	bis 5	5 bis 10	10 bis 25	über 25
Rind	100 g	150 g	300 g	450 g
Blumenkohl	100 g	150 g	300 g	450 g
Öl	1 TL	1 ½ TL	1 EL	1 ½ EL
Graupen (gekocht)	25 g (100)	40 g (150)	75 g (300)	110 g (450)
Weizenkeime	1 EL (10 g)	1 ½ EL	3 EL	4 ½ EL
Joghurt (1,5 % Fett)	50 g	75 g	150 g	225 g

Fleisch und Blumenkohl klein schneiden, im Öl andünsten, mit doppelter Wassermenge aufgießen, Graupen zugeben und 15 Minuten kochen. Nach dem Abkühlen restliche Zutaten zugeben. Knochenmehl, gemahlene Gelatine und Mineralstoff-Vitaminpräparat nach Belieben. Wenn nötig pürieren.

Varianten: statt Rind Seefisch; statt Blumenkohl Kohlrabi, Möhren, Brokkoli; statt Graupen parboiled Reis, Polenta, Buchweizengrütze; statt Joghurt Buttermilch. **Kräftig und doch leicht** mit Eisen, Beta-Karotin und Vitamin E.

Was sie wohl denkt? Ob sie mich überhaupt versteht?
Kein Hund weiß, was in ihren Köpfen vor sich geht.

Steuererklärung, Heldenverehrung,
Doppelaxel, Gipfelgekraxel,
Mengenlehre, Ruhm und Ehre,
Frauenfrage, Vaterschaftsklage,
Lottolose, Smokinghose,
zwei Prozent Storno und Online-Porno ...

– Soll'n sie doch, mir ist es einerlei.
Ich dreh mich mal um, ich bin so frei.
Denn das ist mein ganzes Streben im Leben:
mich soeben mal auf die andere Seite zu legen.

HUNDEFUTTER
VON A BIS Z

Wie gefährlich sind Röhrenknochen
wirklich? Wo gibt's gutes Fleisch?
Wie steht es mit Salz? Und Fertigfutter?
In diesem Hundefutter-A bis Z gibt Ihnen
der Tierarzt Dr. Edgar von Cramm einen
praktischen, umfassenden und schnellen
Leitfaden an die Hand, mit dem sie Ihren
Hund ausgewogen ernähren.

Zigjahrtausende lebten Wölfe und ihre Nachfahren, die Hunde, von dem, was ihnen die Natur täglich vorsetzte. Wenn wir uns das vor Augen führen, werden einige ganz einfache Faustregeln klar, die uns die richtige Ernährung unserer Tiere erleichtern:

Hunde fressen überwiegend Fleisch und brauchen die fleischlichen Nährstoffe zum Überleben. Aber sie haben immer schon auch pflanzliche Nahrungsmittel zu sich genommen – Gräser, Kräuter, Beeren, Obst – und zwar über den Magen und Darm des Beutetieres.

Oberstes Gebot ist also: Abwechslungsreichtum! Nur so sorgen Sie im Endeffekt für ausgeglichene Nährstoffzufuhr – wie in der Natur. Damit will ich auch für etwas Selbstvertrauen und Gelassenheit im Umgang mit der Ernährung unserer Tiere plädieren. Immerhin: Keine Hausfrau macht sich täglich Gedanken darüber, ob die „Nährstoffbilanz" des Familienessens auch wirklich ausgewogen ist.

7 goldene Tipps rund ums Hundefutter

1. Jedes Rezept für Hunde lässt sich im Prinzip auch für die Familie anwenden (und umgekehrt). Die entsprechende Menge vorher für den Hund abzweigen, anschließend das Essen für die Familie würzen.
2. Bei reiner Fleischfütterung: Vitamine und Mineralstoffe zusätzlich geben.
3. Bei vegetarischer Fütterung: unbedingt tierisches Eiweiß in Form von Eiern und Sauermilchprodukten zufügen!
4. Jeder Hund reagiert auf jedes Nahrungsmittel anders – Unverträglichkeiten und Geschmacksrichtungen ausprobieren.
5. Immer frisches Wasser zur freien Verfügung am Fressplatz stellen.
6. Zu Anfang sollten Sie Ihren Welpen regelmäßig wiegen: Nehmen Sie ihn auf den Arm und steigen Sie mit ihm gemeinsam auf die Waage, anschließend ziehen Sie Ihr Gewicht ab.
7. Bei häufigen Mäusemahlzeiten mindestens alle zwei Monate ein Mittel gegen Bandwürmer geben.

A

Aas: ist nicht unbedingt schädlich, im Gegenteil. Bei viel frischer Fleischfütterung hilft es gegen Übersäuerung des Magens.

Adipositas: s. Fettsucht.

Allergie: kann durch Diät, Diätfertigfutter und Fettsäuren günstig beeinflusst werden. Insektenallergiker reagieren häufig auf Fertigfutter, Flocken usw. allergisch wegen der darin enthaltenen Reste von Vorratsmilben. –> Tierarzt fragen (s. a. Unverträglichkeit).

Apfel: (50*) enthält Vitamin B, C, E, Niacin und die meisten wichtigen Mineralstoffe.

Apfelsine: (44*) enthält Vitamin B, C, Niacin und alle wichtigen Mineralstoffe.

Aprikose: (47*) s. Steinobst. Enthält Vitamin A, B, C, E, Niacin und alle wichtigen Mineralstoffe.

Aufstoßen: ist bei jungen Hunden völlig normal.

Aujeszky-Virus: kann im Schweinefleisch enthalten sein. Das dürfte zwar nur äußerst selten der Fall sein – doch wenn, ist es für Hund und Katze absolut tödlich! Möglichst also kein Schweinefleisch geben; weder roh noch zubereitet; auch nicht in Wurst.

Avocado: (233*) enthält Vitamin A, B, C, E, Niacin und alle wichtigen Mineralstoffe. Guter Fettlieferant. Soll in größeren Mengen für Hunde giftig sein.

B

BSE: „Rinderwahnsinn", tritt v. a. in Großbritannien auf. Ursache noch unbekannt, Virus oder Gift, das das Gehirn zerstört. Die Übertragbarkeit auf Mensch und Hund ist noch nicht abgeklärt. Übertragung beim Rind durch Verfütterung von nicht ausreichend erhitztem Tiermehl mit Gehirnanteilen von an BSE erkrankten Rindern bzw. an Scrapies erkrankten Schafen und Ziegen. Deshalb kommt BSE z. Zt. bei deutschen Rindern nicht vor. Tiermehlfütterung ist in Deutschland verboten, weil die Verfütterung von Tiermehl an Pflanzenfresser nicht artgerecht ist (s. a. Rind).

Babynahrung: kann bei Krankheiten als Diätfutter eingesetzt werden. Vorübergehend auch als Welpenaufzuchtfutter geeignet. Empfehlenswert sind die Produkte der Fa. HIPP, da die Zutaten streng auf Rückstände kontrolliert werden und größtenteils aus biologischem Anbau stammen. –> Tierarzt fragen.

Ballaststoffe: wichtig für die Darmtätigkeit und Verdauung. Sind v. a. in Obst und Gemüse enthalten. Grasfressen kann auf Ballaststoffmangel hinweisen.

Banane: (81*) enthält Vitamin A, B, C, E, Niacin und alle wichtigen Mineralstoffe. Wird gern gefressen, aber in größeren Mengen nicht gut vertragen. Evtl. als Geschmacksverbesserer unter das Futter mischen. Hat entzündungshemmende Eigenschaften v. a. im Magen-Darm-Trakt, deshalb auch gut bei Durchfall. –> Tierarzt fragen.

Bierhefe: (355*) enthält Vitamin B.

Biotin: Vitamin. Wichtig für: Haut, Haare, Fettsäurestoffwechsel, Blutgerinnung. Enthalten in: Leber, Kalbsniere, konzentriert in Vitaminpräparaten. –> Tierarzt fragen.

Birne: (46*) enthält Vitamin A, B, C, E, Niacin und alle wichtigen Mineralstoffe.

Bisquits: s. Hundekuchen.

Blähungen: entstehen durch Fehlgärung bei Unverträglichkeiten, zu hastigem Fressen, zu großen Fleischstücken, zu häufigem Füttern, zu wenig Ballaststoffen. –> Tierarzt fragen.

Blättermagen: (100*) Vormagen des Rindes. Enthält, v. a. ungereinigt, viele Vitamine und Mineralstoffe.

* Die Zahl hinter dem Lebensmittel = Kilokalorien pro 100 g

Blumenkohl: (23*) enthält alle wichtigen Vitamine, v. a. Vitamin C und Niacin sowie alle wichtigen Mineralstoffe, v. a. Kalium und Phosphor.

Bohnen: (23*) s. Hülsenfrüchte. Enthalten alle wichtigen Vitamine und Mineralstoffe.

Braten: zerstört Vitamine und Nährstoffe von Lebensmitteln. Zur Geschmacksverbesserung nur anbraten.

Bries: s. Kalbsbries.

Brokkoli: (24*) enthält alle wichtigen Vitamine, v. a. Vitamin C und Niacin sowie alle wichtigen Mineralstoffe, v. a. Kalium, Calcium und Phosphor.

Brot: (230*) enthält Vitamin B und Niacin, Vollkornbrot auch Vitamin A. Trocken zum Knabbern. Mögl. salzarm. Auch salzarmes Knäckebrot geeignet. V. a. altbackenes Vollkornbrot eignet sich gut als Hundekuchenersatz. Wegen des hohen Salzanteils nicht zu häufig geben.

Büffelhautknochen: unbedenkliche Beschäftigungstherapie, die gleichzeitig Zähne, Kiefergelenke und Kaumuskulatur stärkt. Nährwert gering.

Bullrich-Salz: s. Natriumhydrogenkarbonat.

Butter: (750*) enthält Vitamin A, B und E. Wertvoller Fettlieferant, wenn keine Unverträglichkeit gegen Milcheiweiß besteht.

Buttermilch: (35*) enthält Vitamin A, B, C, Niacin.

C Calcium: Mineralstoff. Wichtig für Knochen, Zähne, Nerven und Muskeln. Enthalten in Milchprodukten (v. a. Käse), Gemüse (v. a. Brokkoli, Spinat, Grünkohl), Knochen und Knochenmehl.

Calciummangel: ist nicht immer sofort erkennbar. Kann bei Verdacht durch Röntgenaufnahmen und Blutuntersuchung festgestellt werden. Vorbeugung durch Fütterung von Milchprodukten und calciumhaltige Zusatzstoffe (s. Mineralstoffe).

Champignons: (15*) enthalten Vitamin B, C, E und Niacin sowie alle wichtigen Mineralstoffe, v. a. Kalium und Phosphor.

D Darm: (100*) v. a. ungereinigt sehr wertvoll. Schwer zu bekommen (s. Schlachtabfälle).

Darmbakterien: wichtig für die Verdauung. Sollten nach Magen-Darm-Störungen und nach einer Antibiotika-Kur wieder zugeführt werden. (Tipp: z. B. Bactisel von Selectavet). –> Tierarzt fragen.

Dattel: (273*) meist als Trockenobst. Enthält Vitamin A, B, C, Niacin und alle wichtigen Mineralstoffe.

Diätfuttermittel: am einfachsten und sichersten sind Fertig-Diätfuttermittel vom Tierarzt.

OKAY, MAL SEHEN ...
ALSO BEI WEBERS GIBTS KOHL ...
BEI TRISCHBERGERS SAFTIGE STEAKS
– NETTE LEUTE, DAS ...
... UND BEI UNS?
HERRGOTT, IMMER SPAGHETTI ...

Distelöl: (899*) enthält Vitamin E.

Dünsten: schonendstes Garen, v. a. von Gemüse.

Durchfall: kann viele Ursachen haben. Wichtig: zunächst die Ursache (Infektion, Vergiftung, Unverträglichkeit u. v. m.) vom Tierarzt abklären lassen!

Dosenfutter: öfter Sorte, Marke und Hersteller wechseln (s. Fertigfutter und Diätfuttermittel).

E

Ei: (80*) wegen Salmonellen-Gefahr garen!

Eintagsküken: gibt es tiefgefroren als Hunde- und Katzenfutter.

Eisen: Mineralstoff, Spurenelement. Wichtig für Blutbildung, Sauerstofftransport im Blut. In Geflügel, Fleisch (v. a. Pferd), Leber, Niere, Vollkornbrot, Hülsenfrüchte, Spinat, Schwarzwurzel, Pfifferlinge, Preisel- und Heidelbeeren.

Ente: (227*) enthält Vitamin B und C. Als Wild- o. Zuchtente. Auch tiefgefroren. Delikatesse, für die tägliche Ernährung zu teuer, auf Sonderangebote achten (Verfallsware). Muss leider gut durchgegart werden wegen

Salmonellen u. a. Krankheitserregern.

Entwurmung: s. Würmer.

Erbrechen: nach dem Fressen, auch Kot-, Aas- und Grasfressen, kann ein Zeichen für Fehlgärungen im Futter sein. –> Vom Tierarzt abklären lassen! Evtl. (s. a. dort) Natriumhydrogenkarbonat dem Futter zusetzen.

Erbsen: (70*) s. Hülsenfrüchte.

Erdbeeren: (30*) enthalten alle wichtigen Vitamine und Mineralstoffe.

Erdnüsse: (580*) enthalten Vitamin A, B, E und Niacin. Gibt es hierzulande meist nur geröstet. Fetthaltig. Wenn überhaupt, nur ungesalzene Erdnüsse verwenden. Können ab und zu mal unter das Futter gemischt werden.

Essensreste: völlig zu unrecht als ungesund verrufen. Sie sollten nur nicht zu stark gewürzt und nicht zu kalorienreich sein und nicht die alleinige Ernährung darstellen.

F

Fasten: Ein Fastentag pro Woche wäre schön (täte uns auch gut!), ist aber oft für alle Betei-

MEINE TERMINE FÜR HEUTE:
MORGENS SPAZIEREN GEHEN,
MITTAGS HÜHNCHEN, UND AM NACHMITTAG
EIN NICKERCHEN IN DER SONNE.
UND FÜR HEUT' ABEND HAB' ICH
NOCH NICHTS VOR.

* Die Zahl hinter dem Lebensmittel = Kilokalorien pro 100 g

ligten schwer durchzuhalten. Stattdessen kann ein reiner Gemüse- und/oder Magerquark/Joghurt-Tag eingelegt werden.

Feige: (60° roh, 240° getrocknet) meist als Trockenobst, aber auch frisch erhältlich. Enthält Vitamin A, B, C und Niacin sowie alle wichtigen Mineralstoffe.

Fenchel: (36°) enthält alle wichtigen Vitamine, v. a. A, C und E sowie alle wichtigen Mineralstoffe.

Fertigfutter: als Beimengung, zur Abwechslung, unter Zeitdruck oder auf Reisen auch allein. Sollte allerdings nicht ausschließlich gefüttert werden, da die meisten wertvollen Inhaltsstoffe denaturiert sind und vom Hersteller wieder künstlich zugeführt werden. s. Dosen- und Trockenfutter.

Fett: tierische Fette sind: Butter, Lebertran, Rindertalg. Pflanzliche Fette sind: Speiseöle und Margarine. Enthalten v. a. Vitamin A und E.

Fettsäure: „essenzielle" (lebensnotwendige). Wichtige Nahrungsbausteine für den gesamten Stoffwechsel, v. a. für Leber und Haut. Wirksame Begleittherapie bei Allergien. Enthalten Vitamin A, D und E und werden aus Lein- und Fischöl hergestellt. Wirksame Produkte: z. B. EFA-Z von Virbac; Ekzedermasel von Selectavet; Dermanorm von Chassot; Vivavet FS plus von Essex; Viacutan von Boehringer Ingelheim. –> Tierarzt fragen.

Fettsucht: meist Folge von Überfütterung mit kalorienreichem Futter und häufiger Gabe von „Leckerli" zwischendurch. Aber auch durch Krankheiten, Stoffwechsel- und Hormonstörungen, z. B. als Folge einer Kastration. Ursache vom Tierarzt abklären lassen; er besorgt Ihnen auch energiearmes Abmagerungsdiätfutter.

Fisch: (70-200°) enthält v. a. Vitamin A und B, einige Arten zudem Vitamin E (Steinbeißer, Rotbarsch, Heilbutt, Makrele) oder C (Kabeljau, Rotbarsch, Scholle). Je nach Geldbeutel einmal wöchentlich bis einmal monatlich und am besten roh geben. Keinen konservierten oder eingesalzenen Fisch geben. Hervorragender Eiweißlieferant. Sorgfältig entgräten.

Fleisch: (Muskelfleisch) wichtigster Teil der Hundenahrung. Zubereitung: weitestgehend roh, ohne Salz und Gewürze. s. Rind, Kalb, Pferd, Wild, Hammel, Schaf, Ziege, Lamm, Kaninchen, Ratte, Maus, Pute, Gans, Huhn, Ente, Taube, Fisch, Vögel.

Fleischbeschau: wird bei Fleisch aus deutschen Landen von zuverlässigen Tierärzten durchgeführt, so dass der Konsument sicher sein kann, dass keine Krankheitserreger im Fleisch sind. Fleisch aus Deutschland kann unbedenklich von Mensch, Hund und Katze roh konsumiert werden (Ausnahme: s. Schweinefleisch).

Flockenmischungen: können, wenn sie vertragen werden, regelmäßig unter das Futter gemischt werden.

Flöhe: können, wenn sie vom Hund gefressen werden, Bandwürmer übertragen. Flohbekämpfung über das Futter und äußerlich. Fragen Sie Ihren Tierarzt!

Fluor: Mineralstoff. Wichtig für Knochen und Zähne. Enthalten in: Fisch (Hering, Makrele, Flunder, Kabeljau, Lachs), Huhn, Kalbsniere, Vollkornbrot, Spinat, Kartoffeln.

Folsäure: Vitamin. Wichtig für Blutbildung, Zellteilung. Enthalten in: Rinderleber, -niere, Vollkornbrot, Bohnen, Salat, Kohl, Brokkoli, Endivie, Spinat, Apfelsine, Bierhefe.

Gans: (340°) s. Huhn, Ente, Pute.

Gebiss: sollte täglich gereinigt werden. Zähneputzen schon im Welpenalter beginnen, damit der Hund es toleriert. Im Alter können Hunde sonst entsetzlich unter Zahnschmerzen leiden. Hundezahnpasta und Zahnbürsten: beim Tierarzt (z. B. Dentivet von Albrecht). Schlemmkreide und Kinderzahnbürsten sind auch geeignet. Tipp: Diät-Trockenfutter, das speziell zur Zahnreinigung entwickelt wurde; kann gleichzeitig auch eine Zeit lang als Alleinfutter gegeben werden (t/d-Diät von Hills, beim Tierarzt zu beziehen).

Geflügel: s. Eintagsküken, Huhn, Taube, Ente, Gans, Pute. Enthält v. a. Vitamin B, Leber auch A und C. Wegen Salmonellengefahr immer gründlich garen.

Gelatine: Zusatzfuttermittel. Wird aus Knochen hergestellt, sinnvoll als Futterzusatz (Pulver) in der Junghundernährung und nach Knochenbrüchen.

Gelbe Rüben: s. Karotten.

Gemüse: Zubereitung: roh oder schonend leicht andünsten, kurz in die Mikrowelle, ohne Gewürze, evtl. eine Prise Natrium- oder Kaliumbikarbonat (z. B. „Bullrich"-Salz). s. Karotten (Mohrrüben, gelbe Rüben), Blumenkohl, Brokkoli, Kohlrabi, Sellerie, Zucchini, Gurke, Fenchel, Grünkohl, Mais, Rote Bete, Tomate, Spargel, Spinat, Salat, Chicorée, Paprika, Sauerkraut, Avocado, Champignons.

Gerste: (290*) s. Getreide. Enthält Vitamin B und E sowie alle wichtigen Mineralstoffe.

Getreide: Weizen, Roggen, Hafer, Gerste, Hirse usw. Wird im Hundedarm auch in aufgeschlüsselter Form nur schlecht verwertet. Trotzdem als Nähr- und Ballaststofflieferant wertvoll. Entweder quellen lassen und zerstampfen, keimen lassen oder in Form von getrocknetem Vollkornbrot geben. Enthält v. a. Vitamin B, Keime auch A, Vollkornbrot auch A und C.

Getreidekeime: (250*) enthalten mehr Vitamine als Getreide. s. Getreide.

Gewürze: im Prinzip ungeeignet, in kleinen Mengen unschädlich. s. Essensreste.

Gras fressen: s. Ballaststoffe. Wenn der Hund bestimmte Grassorten bevorzugt, enthalten diese neben den Ballaststoffen wahrscheinlich noch andere medizinisch wirksame Pflanzeninhaltsstoffe, die der Hund für seine Verdauung bzw. seine Verdauungsstörung benötigt und instinktiv sucht und aufnimmt.

Grillen: zerstört viele wertvolle Inhaltsstoffe des Grillgutes. Grillfleisch ist meistens Schweinefleisch (s. dort) – auch deshalb für Hunde ungeeignet.

Grüner Pansen: (100*) enthält neben den Inhaltsstoffen des Fleisches noch die des aufgeschlüsselten, verdauten Grases und sonstigen Rinderfutters (Getreide, Mais usw.).

Grünkohl: (30*) enthält alle wichtigen Vitamine, v. a. Vitamin A, C, E und Niacin u. alle wichtigen Mineralstoffe.

Gurke: (13*) enthält alle wichtigen Vitamine, v. a. Vitamin C und alle wichtigen Mineralstoffe.

 **Haarkleid:** ist oft das äußerlich sichtbare Zeichen dafür, ob der Hund gesund ist und richtig ernährt wird. Wichtig für die Haare ist Vitamin H (s. Biotin).

Hafer: (360*) s. Getreide. Enthält v. a. Vitamin B und alle wichtigen Mineralstoffe.

Haferflocken: (360*) ungekocht unter das Futter mischen. Der Vitamingehalt (Vitamin B) unterscheidet sich nicht wesentlich von dem der Körner. Unverträglichkeiten (s. dort) möglich. Bei Durchfall als dünne Schleimsuppe mit Wasser und einer Prise Bullrich-Salz (s. dort) kochen. –> vorher Tierarzt fragen.

Hammel: (110-350*) s. Schaf, kräftiger im Geschmack.

Hase: (110*) s. Wild.

Hefe: s. Bierhefe (85*). Enthält Vitamin A, B, und C sowie alle wichtigen Mineralstoffe.

Herz: (130*) gutes Muskelfleisch. Enthält alle wichtigen Vitamine und Mineralstoffe.

Himbeeren: Obst. Enthalten alle wichtigen Vitamine, v. a. Vitamin C und E.

Hirsch: (110*) s. Wild.

Hirse: (350*) s. Getreide. Enthält Vitamin B und E sowie alle wichtigen Mineralstoffe.

Hühnerknochen: sind nicht mehr so gefährlich wie früher, weil die Hühner heutzutage schon sehr früh geschlachtet werden und die Knochen dann noch sehr weich sind. Trotzdem ist Vorsicht geboten. Evtl. den Röhrenknochen in der Mitte fest packen und die Knorpelenden (Gelenke) abbeißen lassen (s. a. Knochen).

Hülsenfrüchte: schonend gar dünsten oder kochen mit einer Prise Natriumhydrogenkarbonat (z. B. „Bullrich"-Salz). Nicht roh füttern. Bohnen, Erbsen, Linsen, Erdnüsse.

Hüttenkäse: (100*) enthält Vitamin B und viele wichtige Mineralstoffe. Ab und zu als Fleischersatz. Gut bei Durchfall zusammen mit Reis. –> vorher Tierarzt fragen.

Huhn: (100-130*, Suppenhuhn 250*). Enthält Vitamin A, B, Niacin und viele wichtige Mineralstoffe. Der Nährstoffgehalt ist geringer als bei „rotem" Fleisch. Huhn muss leider wegen Salmonellengefahr abgekocht werden. Die Haltungsbedingungen sind oft fragwürdig. Tipp: Beim Kauf den Herkunftsnachweis (z. B. Boden- oder Freilandhaltung) verlangen. Bei Röhrenknochen ist wegen der Splittergefahr Vorsicht geboten (s. a. Hühnerknochen).

Hundekuchen: möglichst selten, nur als Belohnung ab und zu. Sehr gehaltvoll. Heimliche Dickmacher! Empfehlenswert: Diätphyton von Selectavet; beim Tierarzt. Evtl. selbst backen (s. Rezept S. 42).

Innereien: s. Hirn, Bries, Herz, Lunge, Zunge, Schlund, Leber, Niere, Milz, Pansen, Blättermagen, Darm. Getrocknet in Zoofachgeschäften erhältlich.

Jod: Mineralstoff, Spurenelement. Wichtig für die Schilddrüse. Enthalten in Fisch (v. a. Seelachs, Schellfisch, Scholle, Kabeljau), Feldsalat, Champignons.

Joghurt (60*) enthält alle wichtigen Vitamine, v. a. Vitamin C sowie alle wichtigen Mineralstoffe, v. a. Calcium. Gut bei Durchfall.

Käse: (350*) enthält Vitamin A, B, E und Niacin sowie alle wichtigen Mineralstoffe. Reich an Calcium. Für die Hundeernährung gut geeignet. Hunde fressen Käse gern, deshalb kann er auch als Geschmacksverbesserer unter das Futter gemischt werden. Käse verdirbt keinesfalls den Geruchssinn; dabei handelt es sich um ein Gerücht.

Kalb: (100-130*) zarter und gehaltvoller an Vitaminen und Mineralstoffen als Rindfleisch (s. dort). Enthält Vitamin B, die Innereien auch Vitamin C, Leber auch Vitamin A. Zu bedenken: Die Kälbermast grenzt oft an Tierquälerei, die Mäster schrecken leider häufig vor dem illegalen Einsatz von Hormonen und Antibiotika nicht zurück.

Kalbsbries: (100*) Thymusdrüse des Kalbes. Enthält v. a. Niacin und Vitamin C. Unterstützt die körpereigene Abwehr.

Kalkmangel: s. Calciummangel.

Kaninchen: (150*) enthält Vitamin B, C, E und Niacin sowie alle wichtigen Mineralstoffe. Aus umwelt- und energiepolitischer Sicht eine der sinnvollsten Fleischsorten überhaupt. Kaninchen sind spar- und genügsam im Futter, keine Nahrungskonkurrenten zum Menschen und vermehren sich „wie die Karnickel". Wenn erhältlich, ist es die beste Alternative zum Rindfleisch.

Karotten: (30*) enthalten alle wichtigen Vitamine, v. a. Vitamin A, C, E und Niacin sowie alle wichtigen Mineralstoffe. Als Ganzes zum Knabbern oder geraspelt. Roh oder leicht angedünstet als Futterzusatz. Mit etwas Speiseöl wird Vitamin A besser aufgenommen.

Kartoffeln: (70*) enthalten alle wichtigen Vitamine, v. a. Vitamin C und Niacin sowie alle wichtigen Mineralstoffe. Auch für die Hundeernährung gut geeignet, v. a. bei Allergien und Unverträglichkeiten. Gut zerkleinern oder als Brei geben, weil die Inhaltsstoffe vom Darm nicht so gut aufgenommen werden.

Kirschen: (60*) s. Steinobst. Enthalten alle wichtigen Vitamine, v. a. C, und alle wichtigen Mineralstoffe.

Knoblauch: (135*) enthält Vitamin B und C. Eine Zehe pro Tag zerdrückt unter das Futter gemischt hält gesund und kann Zeckenbefall etwas eindämmen (s. Zecken).

Knochen: enthält v. a. Calcium und Phosphor. Das klassische Hundespielzeug. Besonders beliebt: wiedergefundene Uraltknochen, die vor Jahren mal verbuddelt wurden. Der Reinigungseffekt für die Zähne ist gering (s. Gebiss). Positiv: die Stärkung der Kaumuskulatur und die vielen Inhalts- v. a. die Mineralstoffe. Knochen sind so lange erlaubt, wie der Hund keine Folgeprobleme (s. Verstopfung) bekommt. Vor allem älteren Hunden (ab ca. dem achten Lebensjahr) sollte man keine Knochen mehr geben. Zu kleine, im Ganzen heruntergeschluckte Knochen können Darmverschluss verursachen, kurze

SIE SAGEN, ICH STINKE ...
DABEI DUFTE ICH HEUTE DOCH
SOGAR GANZ EXQUISIT ...

Röhrenknochen können sich als Ring über die Zunge schieben. Kleine, weichere Knochen verklemmen sich gern zwischen den hinteren Backenzähnen und können dann häufig nur unter Narkose vom Tierarzt entfernt werden. Bei Knochengabe den Hund im Auge behalten. Weniger gute Alternativen sind Büffelhautknochen oder von der Futtermittelindustrie angebotene Pressknochen. s. a. Hühnerknochen.

Knochenmehl: enthält Calcium und Phosphor. Schwer zu bekommen, evtl. in Naturkostläden. Alternativ empfehlen sich die vitaminisierten Mineralstoffpräparate vom Tierarzt (s. Mineralstoffe).

Knorpel: als Nahrungsmittel wichtig für den Knochen– und Knorpelaufbau, für Gelenke und Bindegewebe.

Kochen: nur schwer verdauliche Nahrungsmittel, z. B. Hülsenfrüchte oder Nährmittel (s. dort) wie Nudeln, Reis oder Kartoffeln, müssen gekocht werden. Alles andere ist roh oder leicht angedünstet für die Ernährung wertvoller, weil weniger Inhaltsstoffe zerstört werden.

Kohlenhydrate: für die Ernährung genauso wichtig wie Eiweiß; v. a. allem in Gemüse und Getreide enthalten.

Kohlrabi: enthält Vitamin A, B, sehr viel C und Niacin.

Kotfressen: kann ein Zeichen für Mineralstoffmangel, aber auch für Übersäuerung des Magens und des Blutes sein. Evtl. den Mineralstoffgehalt des Blutes vom Tierarzt überprüfen lassen. Gegen Übersäuerung hilft z. B. Bullrich-Salz. Bei jungen Hunden ist Kotfressen normal. Ihr Verdauungstrakt ist noch darauf eingestellt, die Reste aufzunehmen, die die erwachsenen Rudeltiere vom Beutetier übrig ließen – eben hauptsächlich die kotgefüllten Därme.

Krankenkost: für viele Krankheiten gibt es spezielle Diäten, die man zum Teil selber kochen kann, die aber auch als empfehlenswertes Fertigfutter über den Tierarzt zu beziehen sind (s. a. Diätfuttermittel).

Krankheitserreger: sind nur dann in Lebensmitteln, wenn sie unsachgemäß gelagert oder zubereitet werden (s. BSE, Aujeszky-Virus, Geflügel, Fleischbeschau).

L

Leber: (120*) enthält Vitamin A, Biotin und alle wichtigen Mineralstoffe und Spurenelemente. Rinderleber sollte wegen des evtl. Schadstoffgehalts nur bis zu 5 % der Gesamtfleischmenge gegeben werden. Geflügel-, Lamm- und Kalbsleber enthalten weniger Schadstoffe.

Luftröhre: s. Schlund.

Lunge: (100*) enthält alle wichtigen Vitamine, v. a. Vitamin C und alle wichtigen Mineralstoffe. Kann täglich gefüttert werden.

M

Magen: s. Blättermagen, Pansen.

Magerquark: (70*) enthält alle wichtigen Vitamine und Mineralstoffe.

Mais: (110*) für Hunde schlecht verdaulich, evtl. als Maismehl. Enthält Vitamin A, B und Niacin sowie Natrium und Kalium.

Maiskeimöl: (900*) enthält Vitamin E sowie Natrium, Kalium, Calcium und Eisen.

Maus: kann der Hund sich kostenlos selbst besorgen. Nährstoffgehalt für Hund und Katze bei Ganzkörperverzehr sehr günstig und ausgewogen, allerdings muss dann regelmäßig alle zwei Monate mit einem Mittel gegen Bandwürmer entwurmt werden. Außerdem ist der Hund mit der Buddelei lange beschäftigt, tut was für seine Beweglichkeit, Gelenke und Krallen sowie Sinn-

* Die Zahl hinter dem Lebensmittel = Kilokalorien pro 100 g

volles für die Gartenbesitzer, denen v. a. die Wühlmäuse ein Dorn im Auge sind.

Melone: (25*) enthält v. a. Vitamin C sowie alle wichtigen Mineralstoffe, v. a. Kalium.

Milch: (60*) wird unterschiedlich vertragen – Durchfall möglich. Enthält alle wichtigen Vitamine und Mineralstoffe, v. a. Kalium, Calcium, Phosphor.

Milchprodukte: gute Calcium- und Eiweißlieferanten, Unverträglichkeiten möglich. s. Milch, Quark, Joghurt, Kefir, Hüttenkäse, Käse, Butter.

Milz: (100*) roh verfüttern. Enthält alle wichtigen Vitamine und Mineralstoffe, v. a. Eisen. Preiswert. Sollte häufig gegeben werden.

Mundgeruch: wird meistens durch Zahnstein ausgelöst (s. dort). Wenn kein Zahnstein vorhanden ist, muss die Ursache vom Tierarzt abgeklärt werden. Das Gerücht, dass Fleischfütterung üblen Geruch aus dem Fang verursacht, kann evtl. dann zutreffen, wenn die Fleischstücke zu groß waren, als Ganzes heruntergeschluckt und im Magen nicht richtig verdaut worden sind.

N **Nährmittel:** gar kochen (können für zwei bis drei Tage auf Vorrat gekocht werden). Kartoffeln, Reis, Mais, Weizen, Weizenkleie, Hafer, Haferflocken, Gerste, Hirse, Quinoa, Nudeln, Schupfnudeln, Brot (s. dort; s. Getreide).

Natrium: Mineralstoff. Wichtig für Zellstoffwechsel, Muskulatur, Blutdruck. Da das Problem eher in einem Zuviel an Kochsalz besteht, hier die Lebensmittel, in denen wenig Natrium enthalten ist: Teigwaren, Hülsenfrüchte, Nüsse, Gemüse, Pilze und Obst.

Natriumhydrogenkarbonat: kann bei Fehlgärungen dem

Futter zugesetzt werden (s. a. Erbrechen). Beugt der Übersäuerung des Magens und des Blutes vor. Gute Alternative zu Kochsalz v. a. beim Garen von Gemüse und Hülsenfrüchten.

Niere: (120*) enthält alle wichtigen Vitamine, v. a. Niacin und Biotin (Kalb) und Mineralstoffe, v. a. Natrium, Kalium und Phosphor.

Nudeln: (350*) enthalten Vitamin B und alle wichtigen Mineralstoffe, v. a. Kalium und Phosphor. Ohne Salz kochen!

O **Obst:** roh, als Ganzes oder zerteilt. s. Apfel, Apfelsine, Aprikose, Banane, Birne, Dattel, Erdbeere, Feige, Heidelbeere, Himbeere, Kirsche, Mandarine, Melone, Papaya, Pfirsich, Pflaume, Weintrauben, Zwetschgen ohne Kerne.

Ochsenziemer: Bullenpenis. Meist getrocknet als „Kauknochen" oder zum Kleinschneiden als Leckerli in Zoofachgeschäften. Empfehlenswert.

Olivenöl: (900*) enthält Vitamin A, E, Natrium, Calcium.

P **Pansen:** (100*) Vormagen des Rindes, ungereinigt am wertvollsten. s. grüner Pansen.

Paprika: (20*) enthält alle wichtigen Vitamine, v. a. Vitamin C und E und alle wichtigen Mineralstoffe, v. a. Kalium, Phosphor und Magnesium.

Pfannkuchen: zur Hundeernährung sehr geeignet.

Pferd: weniger fett als Rindfleisch. Bei normal genährten Hunden sollten deshalb pro 100 g Pferdefleisch 10 bis 15 g Fett oder Öl beigegeben werden. Enthält viel Vitamin B und Eisen. Wird auch zusammen mit Kartoffeln als Diätnahrung für Allergiker empfohlen. Erhältlich bei speziellen Pferdemetzgern. Adressen über den örtlichen Amtstierarzt, Schlachthof oder beim Reitverein.

Pfirsich: (40*) enthält alle wichtigen Vitamine und Mineralstoffe, v. a. Kalium.

Pflaumen: (50*) s. Steinobst. Enthält alle wichtigen Vitamine und Mineralstoffe, v. a. Kalium.

Pute: (100-200*) enthält Vitamin B und alle wichtigen Mineralstoffe, v. a. Kalium und Phosphor. Nährstoffgehalt geringer als bei rotem Fleisch. Sollte wegen Salmonellengefahr abgekocht werden. Bei Röhrenknochen ist wegen der Splittergefahr Vorsicht geboten.

Q Quark, (120*) **Sahnequark:** (160*) enthält alle wichtigen Vitamine und Mineralstoffe, v. a. Kalium, Calcium und Phosphor. Gute Eiweißquelle, bei Übergewicht als Magerquark geben.

Quinoa: Nährmittel, Mineralstoff, v. a. eisenhaltig, evtl. in warmem Wasser quellen lassen.

R Ratte: Nährstoffgehalt für Hund und Katze bei Ganzkörperverzehr sehr günstig und ausgewogen, allerdings muss dann regelmäßig alle zwei Monate gegen Bandwürmer entwurmt werden (Tierarzt fragen). Rattenjagd hält den Hund beweglich und aktiv, und er tut etwas für die Umwelt, da Ratten große Schäden in der Vorratshaltung und Wasserwirtschaft anrichten und auch heute noch viele für den Menschen gefährliche Krankheitserreger beherbergen.

Reis: (350*) Kochen, ohne Salz, evtl. mit einer Prise Bullrich-Salz und einer ganzen Zwiebel. Enthält Vitamin B und E sowie alle wichtigen Mineralstoffe, v. a. Kalium, Phosphor und Magnesium. Nur parboiled Reis oder Vollkornreis verwenden.

Reisekost: s. Rezept S. 22; s. Trockenfutter.

Rind: (100-200* je nach Fettgehalt) sehr wertvoll für die Hundeernährung. Wird von vielen abgelehnt, weil die Rindfleischproduktion sehr energieaufwändig und in der dritten Welt armutsfördernd und umweltschädlich ist. Hinzu kommt die noch nicht geklärte Gefahr durch

KAUKNOCHEN ... TOLL.
WIE WÄRS MAL MIT ETWAS
ABWECHSLUNG, LEUTE!

BSE (Rinderwahnsinn s. BSE). Nicht auszuschließen ist auch die Übertragbarkeit der Aujeszky-Viren (s. Schweinefleisch) durch Rindfleisch. Wer kein Risiko eingehen und Rinder und Umwelt schonen will, muss, so bedauerlich das für den Hund ist, auf Rindfleisch verzichten und eine Alternative verwenden. s. Fleisch.

Rinderwahnsinn: s. BSE.

Röhrenknochen: s. Knochen und Hühnerknochen.

Rosenkohl: (40*) enthält alle wichtigen Vitamine, v. a. Vitamin C und Niacin sowie alle wichtigen Mineralstoffe, v. a. Kalium, Calcium, Phosphor und Magnesium.

Rosinen: (280*) enthalten Vitamin B sowie alle Mineralstoffe, v. a. Kalium und Phosphor.

Rote Bete: (40*) enthält Vitamin B und C sowie alle wichtigen Mineralstoffe.

Rührei: s. Ei. Ab und zu als Abwechslung statt Fleisch.

Salat, grün: (10*) enthält alle Vitamine, v. a. Vitamin C und alle wichtigen Mineralstoffe.

Sauerkraut: (15*) enthält Vitamin A und viel C und

alle wichtigen Mineralstoffe in hoher Konzentration. Gut für die Verdauung, v. a. bei Verstopfung.

Schaf: (100-300* je nach Fettgehalt) enthält v. a. Vitamin B und alle wichtigen Mineralstoffe. Gute Alternative zum Rindfleisch, allerdings erheblich teurer. In moslemischen Geschäften und Metzgereien nachfragen, dort oft preiswert. Schaf- und Ziegenfleisch eignet sich wie Pferdefleisch als Diätfutter für Allergiker.

Schlachtabfälle: preiswert beim Metzger. Sinnvoll, da von allem etwas drin ist, meistens schon zerkleinert. Unbedingt darauf achten und ausdrücklich verlangen, dass kein Schweinefleisch (s. dort) enthalten ist!

Schlund: (100*) Ringe durchschneiden, damit sie sich nicht über die Zunge schieben. Enthält viel Knorpel, gut für Gebiss und Kaumuskulatur.

Schokolade: verboten!

Schonkost: s. Diätfuttermittel.

Schwangerschaft s. Trächtigkeit.

Schwein: Achtung: Niemals Schweinefleisch an Hund oder Katze verfüttern!! Auch nicht gekocht, gegrillt, gebraten und schon gar nicht roh! Schweinefleisch kann Viren (Aujeszky-Viren) enthalten, die für Hund und Katze absolut und unbehandelbar tödlich sind. Die Wahrscheinlichkeit ist zwar äußerst gering, aber man kann es dem Fleisch (und auch dem Schwein bei der Fleischbeschau) nicht ansehen, ob es die Viren enthält. Unabhängig davon wird Schweinefleisch von Hunden schlecht vertragen.

Sonnenblumenöl: (900*) enthält Vitamin E.

Speiseöl: s. Maiskeimöl, Distelöl, Olivenöl, Sonnenblumenöl, Margarine, möglichst kaltgepresst.

Spiegelei: s. Ei. Ab und zu als Alternative zu Fleisch.

Spinat: (15*) enthält alle wichtigen Vitamine, v. a. Vitamin B, C und E, sowie alle wichtigen Mineralstoffe in hoher Konzentration. Unbedingt Milchprodukt oder calciumhaltige Zusatzstoffe dazugeben.

Steinobst: Aprikose, Kirsche, Pfirsich, Pflaume und Zwetschge. Entsteinen, nicht in großen Mengen geben wegen Gährungsgefahr; v. a. bei großen Rassen.

Süßigkeiten: verboten!

Tiefkühlkost: enthält oft mehr Vitamine u. a. Nährstoffe als gekauftes Obst und Gemüse, von dem man nicht weiß, wie lange es schon lagert. Tiefkühlkost wird meistens direkt nach der Ernte verarbeitet und tiefgefroren.

Temperatur: Futter immer mindestens auf Körpertemperatur (38-39 Grad) erwärmen! Evtl. mit Mikrowelle zum Erhitzen der Nahrung aus dem Kühlschrank oder zum Auftauen von Tiefkühlkost.

Tomate: (17*) enthält alle Vitamine, v. a. Vitamin C und Mineralstoffe, v. a. Kalium, Phosphor und Magnesium.

Trächtigkeit: erhöht den Nährstoffbedarf der Hündin. In dieser Zeit nicht fasten lassen! Calciumreiches Futter (Milchprodukte) geben, Fleischanteil erhöhen. Während der Säugezeit viel Milchprodukte und calciumhaltige Zusatzstoffe unter das Futter mischen.

Trockenfutter: öfter Sorte, Marke und Hersteller wechseln. Kann auch mit Wasser eingeweicht werden. Trocken besser fürs Gebiss, dann allerdings reichlich Wasser zur Verfügung stellen. Sinnvoll auf Reisen.

Trockenobst: gehaltvoller als frisches Obst, teilweise vitamin- und mineralstoffreicher. Zum Knabbern und als Belohnung geeignet.

Übergewicht: s. Fettsucht.

Untergewicht: mit Tierarzt besprechen, da die Ursache abgeklärt werden muss. Nicht lange warten!

Vegetarisch: immer tierisches Eiweiß und Fett in Form von Milchprodukten dazugeben!

Verstopfung: kann viele Ursachen haben. Nicht zu lange warten, sonst geht wertvolle Zeit verloren: spätestens am nächsten Tag zum Tierarzt gehen. Wenn der Hund alle Nase lang sitzt und drückt: sofort zum Tierarzt!

Vitamine: sind in frischen Lebensmitteln oder Tiefkühlkost hierzulande ausreichend vorhanden. Zusätzliche Vitamingaben mit dem Tierarzt besprechen und dort besorgen.

Vögel: sind, wenn sie nun schon mal verletzt oder getötet sind, eine hervorragende, alles enthaltende Nahrung für Hund und Katze. Bitte halten Sie sich zurück und bringen Sie einen von einem Hund oder einer Katze verletzten Wildvogel nicht zum Tierarzt. Allein der Weg dorthin, die Untersuchung und dann noch eine eventuelle Behandlung bedeuten für ein frei lebendes Tier nur eine unnötige Verlängerung der Todesangst, Stress und Quälerei. Ein Vogel, der sich hat fangen lassen, war höchstwahrscheinlich ohnehin schon altersschwach, krank oder verletzt. Gönnen Sie dem Vogel einen schnellen, gnädigen Tod durch das Gefressenwerden – und dem Hund oder der Katze eine vollwertige Mahlzeit!

Wasser: wichtigstes Nahrungsmittel. Muss immer zur freien Verfügung stehen. Bei normaler Ernährung mit viel frischem Fleisch und Frischkost ist der Wasserbedarf gering. Trinkt

* Die Zahl hinter dem Lebensmittel = Kilokalorien pro 100 g

der Hund über längere Zeit auffallend viel: -> Tierarzt!

Weintrauben: (70*) enthalten Vitamin B und C sowie alle wichtigen Mineralstoffe.

Weizenkleie: guter Ballaststoff bei schlechter Verdauung.

Wild: Zu teuer, es sei denn, Sie jagen selber. Wegen unzureichender Fleischbeschau durchgaren.

Wildschwein: s. Schwein. Zusätzl. Gefahr durch Trichinen.

Würmer: werden übertragen von der Mutter auf die Welpen, durch Fressen von Kot, Mäusen und Flöhen, aber nie durch den Verzehr von rohem Fleisch (s. Fleischbeschau)! Tägliche Knoblauch-, Lauch- und Zwiebelfütterung kann den Wurmbefall eindämmen. Sicherer sind spezielle Mittel vom Tierarzt. Regelmäßig – alle zwei Monate gegen Band- bzw. alle halbe Jahre oder einmal jährlich gegen alle Wurmarten – entwurmen lassen.

* Die Zahl hinter dem Lebensmittel = Kilokalorien pro 100 g

Z

Zahnstein: Veranlagungssache. Lässt sich nur durch regelmäßiges Zähneputzen (s. Gebiss) eindämmen, aber nicht verhindern. Starken Zahnstein vom Tierarzt entfernen lassen, da sonst die Zähne zerstört werden. Faule Zähne verursachen Mundgeruch und können die Ursache für andere Krankheiten sein! Zähne mindestens einmal jährlich vom Tierarzt kontrollieren lassen!

Zecken: lassen sich durch Knoblauch (1 zerdrückte rohe Zehe pro Tag ins Futter) und durch Einreiben des Fells mit Johanniskraut- oder Zitronenöl abschrecken. Sicherer sind Mittel, die über die Haut wirken (z. B. Exspot von Essex oder Frontline von Merial) –> Tierarzt fragen.

Zucker: verboten!

Zwiebel: (30*) enthält alle wichtigen Vitamine und Mineralstoffe. Ist roh in größeren Mengen (15g/kg) für Hunde und Katzen giftig!

Impressum

Weltbild Buchverlag –Originalausgaben–
© 1999 by Verlagsgruppe Weltbild GmbH, Steinerne Furt 67, 86167 Augsburg
3. Auflage 2002
Alle Rechte vorbehalten
Redaktion: Eva Bauersfeld
Rezepte, Fachinformation, Lexikon: Dr. Edgar v. Cramm

Rezeptentwicklung: Dagmar v. Cramm
Einbandgestaltung, Layout und Satz: Sybille Engels
Lithoarbeiten: Typework Layoutsatz & Grafik GmbH, Augsburg
Druck und Bindung: aprinta Druck GmbH & Co. KG, Senefelderstr. 3–11, 86650 Wemding
Gedruckt auf chlorfrei gebleichtem Papier. Printed in Germany
ISBN 3-89604-295-5

Bildnachweis

Bildagentur ipo, Linsengericht-Altenhaßlau: 6/7; dpa Deutsche Presseagentur GmbH, München: 53; Sybille Engels: 17, 41, 47, 69, 75; Juniors Bildarchiv, Senden: 8/9 (Wegler), 9 (Steimer), 10 (Wegler), 14 (Wegler) 16 (Wegler), 18 (Wegler), 23 (Schanz), 24 (Wegler), 28 (Wegler), 30 (Wegler), 37 (Grell),38 (Wegler), 44(Wegler), 46 (Wegler), 48 (Grell), 52 (Liebold), 56 (Wegler), 60 (Wegler), 64 (Wegler), 72; Renate Kotyza-Hiltl: 55; People Pictures, München: 54/5; Tony Stone Associates GmbH, München: 57 (Hulton Getty); Studio für Illustration und Fotografie Sascha Wuillemet: 10, 14, 16, 18, 22, 36, 42, 62, 66, 74; Reinhard Tierfotos, Heilig-Kreuzsteinach: 29 (Reinhard), 45 (2x Reinhard), 58/9 (Reinhard)
Titel: Juniors Bildarchiv, Senden: Schanz
Illustrationen: Sybille Engels

Gleich zu Anfang:	Haftpflichtversicherung abschließen, sobald der Hund in die Familie kommt! Ein absolutes Muss! Hunde reagieren auf der Straße unberechenbar, so dass schlimme Unfälle entstehen können, für die Sie haftpflichtig gemacht werden. Ebenfalls wichtig, falls er mal verloren geht: Lassen Sie entweder eine echte Tätowierung unter Narkose im Ohr oder Innenschenkel oder eine elektronische Kennzeichnung ohne Narkose machen. Hierbei wird ein reiskorngroßer Chip schmerzlos unter die Haut gesetzt. Empfehlenswert, da sich der Hund, falls er abhanden kommen sollte, schneller wieder aufzufinden ist. Jedes Tierheim, fast jeder Tierarzt und künftig auch jedes Versuchslabor hat ein Lesegerät, die Registrierzentrale ist rund um die Uhr erreichbar. Das System ist weltweit standardisiert.
6. Woche:	Vorimpfung beim Züchter wenn nötig, v. a. gegen Parvovirose (sog. Katzenseuche)
8. Woche:	Erste Impfung (Staupe, Hepatitis, Leptospirose, Parvovirose, evtl. Zwingerhusten). Da ein guter Züchter seine Welpen ohnehin nicht vor der 10. bis 12. Woche verkauft, ist er für diese Erstimpfungen verantwortlich. Auch sollten jetzt schon die ersten Entwurmungen beim Züchter gemacht worden sein (ab dem 10. Lebenstag alle 7 bis 14 Tage). Weitere Entwurmungstermine mit dem Tierarzt besprechen.
12. Woche:	Zweite Impfung (Tollwut, Staupe, Hepatitis, Leptospirose, Parvovirose, evtl. Zwingerhusten).
16. Woche:	Dritte Impfung (Staupe, Hepatitis, Leptospirose, Parvovirose, evtl. Zwingerhusten). Diese Impfung ist nur nötig in Gebieten mit erhöhter Ansteckungsgefahr.
Alle zwei Monate:	Bei häufigen Mäusemahlzeiten ein Mittel gegen Bandwürmer geben. Wirksame Entwurmungsmittel sind verschreibungspflichtig und grundsätzlich nur über den Tierarzt zu beziehen! Er berät Sie auch, wann welches Wurmmittel sinnvoll eingesetzt wird.
Einmal jährlich:	Impfwiederholung, dabei evtl. gründlicher Checkup der Zähne, Augen, Ohren, Fell, Analdrüsen, beim älteren Hund evtl. Urin- und Blutuntersuchung.
Zweimal jährlich:	Zum Tierarzt und gegen Spul-, Haken- und Bandwürmer entwurmen lassen.

WICHTIGE ADRESSEN

Interessengemeinschaft Deutscher Hundehalter e. V., Auguststr. 5, 22085 Hamburg, Tel.: 040/454761

Haustier-, Kranken- und Unfallversicherung Agila Breite Straße 6-8, 30159 Hannover, Tel.: 0511/3032345, Fax: -234

BpT e. V., Bundesverband praktischer Tierärzte, Lyonerstr. 16, 60528 Frankfurt a. M., Tel.: 069/669818-0, Fax: 6668170

Welpen- und Hundeschulen gibt es in jeder Stadt.

Deutscher Tierschutzbund e. V., Baumschulallee 15, 53115 Bonn, Tel.: 0228/631005

Hier können Sie sich nach Züchteradressen erkundigen: VdH e. V., Verband für das deutsche Hundewesen, Westfalendamm 174, 44141 Dortmund, Tel.: 0231/56500-0

Knochenmehl: Fa. Keller GmbH, Konradstr. 17, 79100 Freiburg i.Br., Tel.: 0761/706313, Fax: 706314 (Mindestbestellmenge 1 kg)

VITAMINE & CO.

Vitamine sind in frischen Lebensmitteln oder Tiefkühlkost hierzulande ausreichend vorhanden. Zusätzliche Vitamingaben und -präparate können Sie mit dem Tierarzt besprechen und dort besorgen.

Zu den Mineralstoffen und Spurenelementen gehören Natrium, Kalium, Calcium, Phosphor, Magnesium, Eisen, Jod, Mangan, Kupfer und Zink. Mineralstoffe und Spurenelemente sind meist vermischt mit Vitaminen in Zusatzfuttermitteln enthalten (ebenfalls beim Tierarzt zu beziehen; zum Beispiel mineralstoffreiches Ergänzungsfutter für große Hunde, Fa. Alma-Pharm, Calcisel-H, Fa. Selectavet, Petflaces von Fa. Essex).

Vitamin	Wichtig für	Enthalten in
A	Augen, Haut, Schleimhaut, Knorpel, Infektabwehr	Leber, Hühnerfleisch, Möhren, Löwenzahn, Spinat, Mangold, Feldsalat, Fenchel, Grünkohl
B1	Muskeln, Nerven, Energiestoffwechsel	Hühnerbrust, Rinder- und Kalbsherz, Schafsleber, Erbsen, Bohnen, Vollkornbrot
B2	Augen, Haut, Schleimhaut, Energiestoffwechsel	Hühnerbrust, -leber, -herz, Rinder- und Hammelherz, Hammelniere, und -leber, Spinat, Champignons
B6	Nerven, Blutbildung, Infektabwehr, Hormonstoffwechsel	Makrele, Sardine, Heilbutt, Lachs, Leber, Pferde-, Kaninchen-, Hühner- und Gänsefleisch, Weizenkeime, Haferkörner, Vollkornbrot, Linsen, Grünkohl, Kartoffeln, Avocado
B12	Schleimhaut, Blutbildung, Stoffwechsel	Milch, Camembert, Fisch, Hühnerleber und -herz, Fleisch
C	Bindegewebe, Knochen, Knorpel, Zähne, Infekt- und Krebsabwehr, Eisenstoffwechsel	In jedem Fleisch, Gemüse, Obst. Besonders viel in: Fenchel, Rosenkohl, Grünkohl, Brokkoli, Blumenkohl, Paprika, Kiwi, Johannisbeeren, Apfelsine, Erdbeeren
D	Knochen, Knorpel, Calcium-Phosphorstoffwechsel, Niere, Nebenschilddrüse	Fisch, Kalbfleisch, Rinderleber, Pilze
E	Fett- und Vitaminstoffwechsel, Zellschutz	Weizenkeimöl, Sonnenblumenöl, Putenfleisch, Haselnüssen, Leinsamen, Paprika, Schwarzwurzel, Avocado, Himbeeren
F	Siehe Folsäure	
H	Siehe Biotin	
K	Blutgerinnung	Sonnenblumenöl, Fleisch, Gemüse, Getreide. Besonders viel in: Huhn, Schaf- und Rindfleisch, Salat, Rotkohl, Blumenkohl, Spinat, Rosenkohl, Sauerkraut, Grünkohl